白文攻略

漢文法ひとり学び

加藤　徹　著

白水社

装丁　木村　凜

はじめに

本書は「漢文を自分で読んでみたい」という人のための漢文法の入門書である。もし、語学としての漢文を「初級漢文」「中級漢文」「上級漢文」とレベル分けするなら、本書は「初級」から「中級」の入口くらいまでをカバーする。

そもそも「漢文を読む」とは、どういうことか。

普通に目にする漢文は、日本の国語教科書であれ、大学の入試問題であれ、原文の漢字の脇に、句読点や「訓点」が施されている。訓点とは、漢文を訓読するために漢文に書き添える返り点、送り仮名、振り仮名などの総称。このため日本では、漢文を読むとは、漢文の返り点の読み方をマスターし、漢文の訓読を読むことだ、と誤解している人が多い。

たしかに、訓読は日本人の祖先が編み出した、優れた定型的直訳メソッドである。訓読それ自体も、日本文化の切り離せぬ一部として、大きな価値をもつ。筆者も、日本語の漢文訓読調の文体は、大好きだ。

ただ「語学としての漢文」の立場から客観的に見ると、訓読は、あくまで白文の解釈のためのツールである。訓読を読むことは、他人による直訳を読むことだ。「英文が読める」という意味は、「英語の原文が読める」ということであり、「英語の訳文が読める」ということではない。同様に、「漢文が読める」という意味は、本来「漢文の原文が読める」ということのはずだ。

昔の人が書いた漢文の原文は、みな白文だった。白文とは、句読点も訓点もなく、ただ漢字が無愛想にぎっしり並んだ漢文を言う。

白文を読むのは難しい。今の日本人だけでなく、昔の中国人にとっても白文は難しかった。ただ、漢文の専門家すら手こずる難解な白文がある一方で、万人の解釈が一致するやさしい白文もある。分量としては、むしろ後者の明晰な白文のほうが多い。初心者でも、漢文法の基礎知識を身につければ、漢和辞典を引きつつ、自分で白文をかなり読めるようになる。

また、私たち日本人が日常で使う漢語や、漢語的な言い回しも、漢文法に由来する部分が大きい。漢文法の本質を理解することは、日本語を理解する上でも役立つ。

本書の目的は「白文を漢文法にそって正しく読む技術」の習得にある。この目的のため、以下の三点に留意する。

一、通常の「初級外国語」の教科書と同様、易から難へ、段階を踏んで解説する。
二、白文という「外国語」を読むための基礎的な文法知識に説明をしぼり、分量も手ごろにする。
三、漢文訓読も解釈のツールとして使うが、あくまで「主役」は白文で、訓読は「脇役」とする。

本書は「学習の前に」「本課」「常用漢字漢語用法略解」の三部構成になっている。学校の語学テキストとくらべると、週一回の授業なら一年間、週二回の授業なら半年間で使えるくらいの分量である。独学の読者も、本書を時間をかけて、ゆっくりお読みくださってかまわない。

本書の漢文の漢字は、原則として新字体とした。漢文訓読については、漢字の字音は新カナ、字訓と送り仮名は原則として旧カナとし、日本語の文語文法との整合性を保つようにした。

漢文は面白い。本書の例文も、人生の知恵とか、歴史の教訓など、意味が深いものが多い。筆者が意図的にそのような例文ばかりを集めたわけではない。漢文は古典語なので、例文も自然と含蓄に富んだ名言が集まるのだ。こうした名言の意味も、漢文法を理解すれば、いっそうよくわかる。

目次

学習の前に

（一）漢文とは何か

漢文は書記言語に特化した人工言語である。自然言語たる日本語や中国語などとは、根本的に違う。

Ⅰ

現代日本語では、広義での「漢文」は、漢詩と漢文（詩以外の散文）の総称である。狭義の「漢文」は、散文のみを指す。

平安時代までの日本語で、単に「文」と言えば、漢文を指した。明治時代までの日本語で、単に「詩」と言えば、漢詩を指した（西洋風の新しい日本語の詩は「新体詩」と呼ばれていた）。良くも悪くも、漢文は長いあいだ、日本文化の「動脈」であった。

中国人は、漢文を「文言」「文言文」「古文」などと呼ぶ。「古代漢語」という呼称もあるが、これは、書記言語としての漢文と、自然言語としての昔の中国語の総称になる（中国語の「古代」が指す時代範囲は、広義では近代以前を漠然と指す。日本語の「古代」と違う）。

中国語で「漢文」と言うと「漢の時代の文章」の意味になる。「漢文、唐詩、宋詞、元曲」という言葉もある。あるいは、「満文」（清朝時代に満洲語で書かれた文章）の対義語としての「漢文」の意味になる。清朝の官僚制は「満漢併用制」であった。

いずれにせよ、日本語と中国語では「漢文」という単語が指す意味内容は違うので、この点は要注意である。

Ⅱ

「漢文」という呼称がいみじくも示すとおり、漢文の本質は「文」（書記言語）ということである。

日本語や英語、中国語（現代だけでなく、過去の中国語も含む）は、自然言語である。しかし漢文は、自然言語を土台にして作り上げられた人工的な書記言語だ。

自然言語の場合、母語話者は乳幼児のころから耳で言語を聞いて育ち、自然に習得する。自然言語には、乳児の「喃語《なんご》」や、幼児むけのやさしい言葉、方言、求愛や喧嘩のセリフ、高度な学術言語まで、全てがそろっている。また自然言語は、音声だけでコミュニケーションが取れる「ラジオ型言語」である。現代の言語だけではない。日本の古文も、西洋のラテン語も、世界の古典語は、基本的にはどれもラジオ型言語であった。

自然言語の外国人向けの教科書は、まず「こんにちは！」「ありがとう」のような簡単な言葉（ネイティブスピーカーの子供でもわかる言葉）から入る。

いっぽう、漢文は自然言語ではなかった。また「聞いて話す」音声言語ではなく、「読んで書く」ための書記言語である。漢字の習得者だけが、漢文を学習できる。「ネイティブライター」は、原理的に存在できない。当然のことながら、乳幼児や非識字者、視覚障害者は、漢文の読み書きができなかった。

世界の文学史を見ると、アラビアのアル＝アーシャー、日本の塙保己《はなわほき》一《いち》、ウクライナのエロシェンコのように、盲人でありながら文学者として活躍した人は少なくない。だが昔の中国では、あれだけ長い歴史をもちながら、幼少時に失明した「盲目の漢詩人」は、原理的に存在できなかった。

残酷な話だが、これも漢文の冷厳な一面である。

たしかに、漢文は音読もできる。しかし、耳で漢文の音読を聞くだけでは、古代中国人でさえ、その意味を完全には理解できなかった。簡潔すぎる上、同音異義語が多すぎるためである。

漢文という言語体系は、映像と音声の両方を前提としているという意味で、いわば「映画型言語」である。

実際、近代以前の中国には、西洋のアルファベットや、日本の「かな」にあたる表音文字はなかった。それも一因となり、識字率は極端に低かった。文法的に正しい漢文を書けたのは、昔の中国では、ごく一部の人間（大半は男性）に限られた。

現代日本語と古文が違うように、中国語と漢文も違う。

文法的に正しい漢文を習得することは、中国人にとっても、簡単ではなかった。

「ネイティブライター」が存在できないという点では、中国人も外国人も平等である。

■III

漢文は、中国だけのものではない。日本、朝鮮、越南（ベトナム）などの漢字文化圏においては、十九世紀まで、漢文が学問や公文書の「公用言語」であった。

いつの時代、どこの国においても、漢文の学習者は、紀元前千年紀（今から三千年前から二千年前までの一千年間）の漢文古典の書物を暗記し、その語法や文法に沿って、漢文の読み書きを行ってきた。そのおかげで、漢文をマスターすれば、十九世紀の西郷隆盛の漢詩も、八世紀の李白の漢詩も、紀元前六世紀の孔子の言行録（『論語』）も、読むことができる。

漢文は、過去三千年ぶんの「東洋文明の集積知」にアクセスするためのツールであり、いわば東洋のエスペラントであった。

外国人（日本人を含む）も、適切な訓練を積めば、文法的に正しい漢文を書くことができた。

例えば、江戸時代の新井白石が書いた漢詩は、同時代の中国や朝鮮にも伝わり、絶賛を受けた（新井白石の漢詩集『白石詩草』の序文で、清の皇帝直属の文人官僚だった鄭《てい》任鑰《じんやく》は、白石の漢詩は唐の杜甫や白楽天に匹敵する、と述べている）。毛沢東や張学良など、近代中国の政治家や軍人も、若いころ、いちはやく近代化を達成した日本に関心をもち、西郷隆盛や乃木希典の漢詩を（記憶違いもあったが）愛唱していた。

■IV

文学作品だけではない。私たちが日常使っている言葉には、漢文由来の語彙や言い回しが、非常に多い。

例えば、日本語で「門に入る」は、「門入」ではなく「入門」と言う。「効果が有る」は、「効有」ではなく「有効」だ。なぜ日本語の語順と違うのか。実は「入門」も「有効も」、それぞれ「門に入る」「効有り」という漢文なのだ。

中国人に「入門」「有効」と書いて見せれば、そのまま意味が通じる。

現代の中国語、朝鮮語、ベトナム語も、漢文由来の語彙が非常に多い。

東アジア各国では、既存の語彙だけでなく、現代的な新しい漢語を作るときも、漢文法にのっとって作る。英米の現代の学者が、新しい学術用語を作るとき、ラテン語や古典ギリシャ語を使うのと同様である。

漢文を知ることは、日本語を知ることでもある。

（二）漢文法の本質

漢文は、日本語や英語とは異質の「孤立語」である。漢文の品詞分類も、独特である。

I

日本では、学校の「国語」の授業で漢文を教える。しかし、本来の漢文そのものは、やはり「外国語」である。その点を忘れてはならない。

人類の言語は、文法の形態から四つに大別できる。

a 孤立語　漢文、中国語、チベット語など
b 屈折語　ヨーロッパ諸語、アラビア語など
c 膠着語　日本語、朝鮮語、トルコ語など
d 抱合語　アイヌ語、エスキモー語など

日本語は、「てにをは」などの助詞を、単語のうしろに膠（にかわ。接着剤の一種）のようにくっつける。

西洋の言葉は、時制とか格とかの変化にあわせて、単語の語尾を「屈折」させる。

これに対して、漢文は「孤立語」である。単語を、あたかもレンガやタイルを敷きつめるように並べて文を作る。

例えば、

漢文　天　高　馬　肥
日本語（訓読）　天高く馬肥ゆ

日本語は膠着語である。名詞「天」「馬」と、形容詞「高し」、動詞「肥ゆ」は、一見して違う。また「高し」は連用形に活用させて「高く」としなければならない。

漢文は孤立語なので、「天」「高」「馬」「肥」の四つの語をタイルのように並べる。格変化も活用もない。逐語訳は「空、高い、馬、ふとる」。これで充分なのだ。

漢文法は、語形変化や「活用」がないぶん、日本語や英語の文法にくらべると簡素である。単語を並べる「語順」と、特定の単語を含む定型的な「句法」が、漢文法においては重要になる。

II

漢文の語順は「なるべく物事が生起する順番にそって、それぞれの意味の単語を並べる」というシンプルなものだ。「もし、紙芝居の絵（ないし漫画）で表すとしたら、どの絵を、どの順番で客に見せたら、一番合理的か」と考えてみると、わかりやすい。

例えば、

「長安（古代中国の都市の名前）まで行く」

という意味内容を、紙芝居で表すなら、絵をどういう順番に並べるべきか。時系列（物事が起きる順番）にそって、そのまま絵を並べてみよう。一枚目の絵は、ひたすら道を行く様子。二枚目は、「もうすぐ目的地に到着」。三枚目は目的地の絵（この場合は長安の町）。

実際、「長安まで行く」を漢文で書くと、

行到長安　（『後漢書』蘇竟楊厚列伝上）

という語順になる。訓読すると「行きて長安に到る」となる。

漢文の下の（　）内に書いたのは「出典」である。

中国人は「行到長安」という漢文を、現代中国語の発音で、そのまま音読する。日本人は「行到長安」を、字音（漢字の音読みのこと）で「コウトウチョウアン」と音読直読することもできるが、漢訳仏典（いわゆる「お経」）以外の漢文は「行きて長安に到る」のように訓読で読むのが伝統的慣例となっている。

ちなみに、「長安までゆっくり行く」なら、

徐行至長安　（『史記』陳丞相世家）

のように書く。訓読は「徐行して長安に至る」。

「徐行」は、副詞「徐」＋動詞「行」である。紀元前一世紀に司馬遷が書いた歴史書『史記』に出てくる「徐行」

という漢語表現は、現代日本でも「徐行運転」のように、そのまま使う。漢字や漢文の息の長さを感じる。

III

次に、漢文訓読についても述べておく。

日本では、漢文イコール漢文訓読だと誤解している人もいる。しかし、あくまでも漢文が先で、訓読が後である。漢文は「国際的」だが、訓読は日本国内限定である。

中国人も朝鮮人もベトナム人も、二十世紀の初めまでは、日常的に漢文を使っていた。漢文を、外国語として音読するのではなく、自国語の語順に直し、自国語として読む、という定型的訳読法の工夫は、古来、どの周辺民族でも試みられた。その中で、日本の漢文訓読は、現在まで千数百年間、一度も途切れることなく行われ、今も学校教育で普通に教えられている。伝統の長さと、完成度の高さという点で、日本の漢文訓読はユニークである。

漢文は「外国語」だが、訓読は、日本の古文法の知識が必要だ。しかも、漢文訓読で使う古文は、訓読専用の特殊な「訓点語」である。同じ古文でも、『源氏物語』や『枕草子』などの「和文語」とは違う。幸い、同じ古文でも、和文語より、訓点語のほうがやさしい。和文語は「〜はべり」「〜たまふ」などの敬語表現も複雑だし、「〜けむ」「〜つ」「〜ぬ」などの助動詞も多い。漢文の訓点語は、敬語はほとんどなく、使う助動詞の数も限られている。

IV

日本人と漢字のつきあいは古い。一世紀に「倭奴国」の使者が中国に行き、後漢の光武帝からもらった「漢委奴国王」の金印は、今も残っている。弥生時代の土器にも、断片的な漢字が書かれているものがある。

詳しいことはわからないが、日本人は当初、漢文を「外国語」として音読していたようだ。今でも日本人は、漢訳仏典（いわゆる「お経」。お経も漢文である）を、日本漢字音で音読直読する。正確な時期は不明だが、六世紀ごろから、仏典以外の漢文を訓読するようになったらしい。

漢文訓読のスタイルは、時代ごとに大きく変わってきた。

昔の日本では、書物は貴重品だった。漢文の本に、その訓読のしかたを墨で書き込むのは、英語の教科書にごちゃごちゃとメモを書くのと同じで、原本の見た目が汚くなる。そこで、平安時代までの漢文の本には、「角筆《かくひつ》」といって、尖った木の棒で紙にわずかなへこみを描いたり、「ヲコト点」のような点をさりげなく打つなど、訓読のための記号類の書き込みは最低限におさえられていた。

しかし、それではやはり、わかりにくいので、中世から、「一二点」や「レ点」のように、原本を汚してしまう反面、誰にでもわかりやすい訓読記号が、次第に普及した。

さきほどの「行到長安」を例に取れば、

行キテ**到**ル二**長安**ニ一

のように、漢文の原文に、「一・二」などの「返り点」と、「キテ」「ル」「ニ」などの送りガナ、そして必要に応じて漢字の読み方を示す「ふりがな」を書き込む。

訓読のための返り点、送りガナ、ふりがな等をひっくるめて「訓点」と言う。「一二」は点ではなく「線」であるが、平安時代の「ヲコト点」(これは本当に点であった)のなごりで、訓点と呼ぶ。

訓点の打ち方も、江戸時代までは学者の流派ごとにバラバラだった。明治時代になり、学校の生徒が教科書で漢文を学ぶようになると、訓読のスタイルを統一する必要が出てきた。現代日本の国語教科書の漢文訓読は、明治時代の末に、当時の文部省(現在の文部科学省の前身)が定めた指針に沿っている。

本書の目的は「漢文を白文で読むための、漢文法の基礎」の理解にある。必要に応じて、ときどき訓点も使うことにする。

V

漢文法は簡単である。逆接的だが、簡単であるがゆえに、かえって初心者は面くらうことがある。

例えば、漢文法に「語形変化」はない。動詞の「過去形」も、名詞の単数形・複数形の区別もない。

逆に言うと、単語の語形という手がかりがないぶん、単数か複数か、現在か過去か、前後の文脈をしっかり理解して判断しなければならない。

また、漢字を見ただけでは品詞の区別はわからない。例えば、

子子孫孫　(『韓詩外伝』巻三)

は、「子」「孫」(名詞)の複数形で、「子孫代々」という名詞句としても、「子々孫々にわたって」という副詞句としても使える。ところが、これとよく似た、

父父子子　(『論語』顔淵)

は、「父子」の複数形ではない。『論語』の原文の前後の文脈を見ると、「父、父たり。子、子たり」(父親が父親らしくふるまい、子供が子供らしくふるまう)の意だとわかる。つまり、

父(名詞)、父(動詞)。
子(名詞)、子(動詞)。

という構造なのだ。

「子子孫孫」も、文脈によっては「子、子たり。孫、孫たり」の意味になりうる。

このように、漢文法は、語形変化や活用がないぶん、かえってわかりにくい。

漢文を読むためには、漢文法を理解した上で、経験を積むことが大切である。

VI

漢文には「子子孫孫」「父父子子」のような例が多いことから、「漢文には品詞がない」と極論する人もいるが、そんなことはない。漢文にも、ちゃんと名詞や動詞など、品詞の区別はある。

世界各地の言語を見ると、名詞と動詞は、どこの言葉にもある。それ以外の品詞の区別は、実はどこの国でも曖昧で、学者の議論が分かれるところである。

例えば、日本の「学校文法」では、形容詞と形容動詞を区別する。筆者も中学校の国語で、その違いを習った。「健康だ」は形容動詞だが、「病気だ」は「病気(名詞)+だ(助動詞)」と見なす。その証拠に、「健康な人」とは言えるが、「病気な人」とは言えない。

学校で文法を習ったおかげで正確な日本語をしゃべれるようになった、という実感はない。ただ、国語の期末テストで苦労した思い出は残っている。

さて、この日本語の「学校文法」も、実は学界の定説ではない。さまざまな学者が主張する諸説のうちの一つを、文科省が採用し、アレンジしたものにすぎない。国語学者が書いた文法書や、外国人向けの日本語の教科書では、「形容動詞」という品詞を立てないものも多い。しかもそのほうが、外国人の日本語学習者には、わかりやすかったりする。

品詞の分け方は、要は「机の中身の整理のしかた」と同じだ。整理法は、いろいろある。自分の用途にあわせ、使い勝手のよいやりかたを選べばよい。どの文法が絶対的に

正しい、ということはない。

漢文法は、諸説紛々たる状況である。

中国の学者が主張する漢文法は、現代中国語の文法（これも諸説紛々）をふまえ、これを漢文にさかのぼらせる傾向がある。しかし、現代中国語では有用な品詞分類（例えば「区別詞」を独立した項目として立てる、など）も、漢文ではあまり意味がないこともある。

日本や西洋の学者の漢文法も、それぞれ一長一短のところがある。

筆者は文法学者ではない。自説がないぶん、いろいろな学者の説を、あちこちから無節操かつ臨機応変に引っ張ってくることができる。「いいかげん」は「良い加減」でもある。

本書でも、漢文の初心者を念頭におき、煩瑣な議論は避け、解釈文法のエッセンスを紹介するつもりである。

VII

近年の漢和辞典には、漢字ごとに「品詞」を乗せているものもある。例えば、藤堂明保・加納喜光編『新漢和大辞典』（学習研究社、二〇〇五年）では、

名詞　動詞　形容詞　副詞　助動詞
指示詞　前置詞　代名詞　疑問詞
単位詞　接続詞　数詞　感動詞
「助字・接頭辞・接尾辞」

と、日本人の学習者にもわかりやすい語分類が採用されている。

注意すべきは、右の辞書の語分類は、「名詞」などの品詞分類と、「疑問詞」などの意味分類が混ざっていることである。

不動産屋のアパート・マンション情報で例えると「東京都新宿区、中野区、杉並区、中央線沿線、京王線沿線、西武線沿線」のように、区名表示（品詞分類に相当）と、沿線表示（意味分類）を、わざとまぜるようなものだ。同じ杉並区のアパートでも、京王線沿線と中央線沿線では、通勤環境は全然違う。アパートを探すときは、路線表示と、区名表示の両方があったほうが便利である。

語分類も、アパートの分類と同じである。一般人向けの辞書や概説書では、品詞分類と意味分類の双方を組み合わせた「混合分類」や「交差分類」を載せるものが多い。

本書では便宜的に、左のような分類を採用する。

【品詞分類表】

実詞	**体言**	**名詞　代名詞**
	用言	**動詞　助動詞　形容詞**
	（半実半虚）**副詞**	
虚詞	**助詞　前置詞　接続詞　感動詞**	

【意味分類】

繋詞　疑問詞　否定詞　関係詞

数詞　単位詞　…その他

よく勘違いしている人がいるが、「疑問詞」「否定詞」「関係詞」「数詞」などは、独立した品詞ではない。これらは「中央線沿線」にあたる、品詞の枠組みを超えた漠然としたくくりである。

例えば、数詞（意味分類）「一」は、「一」という名詞、「一つにする」という動詞、「ひとたび」という副詞、など、複数の品詞にまたがり、さまざまな意味用法をもつ（百五十八頁参照）。

人間に例えると、中年男性「一」（はじめ）さんは、杉並区にある家庭では良きパパ、新宿区にある職場では係長、中野区にある行きつけの酒場ではカラオケ名人、と、複数の場所でそれぞれ違った顔を見せるようなものだ。「中年男性」という「意味分類」は、ハジメさんの基本的キャラクターを説明するものではあるが、ハジメさんの生活圏や能力、生活習慣を説明するものではない。

また、漢文法の品詞分類は、しばしば日本人の感覚では「おや?」と感じることがある。例えば、

不＋用言

で打ち消しを示す「不」は、漢文法では「副詞」に分類するが、日本語の漢文訓読では「～ず」という古文の助動詞をあてる。例えば、

不行

は、訓読では「行かず」と読む。「行か不」と書かない理由は、日本語の表記では、助詞・助動詞は漢字ではなく平仮名で書く、という約束事があるからである。

では、なぜ漢文法では、「不～」を助動詞ではなく、副詞に分類するのか。それについては、第十一課「副詞」を後で読んでいただくとして、ここでは、漢文訓読（これは

日本語の古文の一種である）に引きずられると、「この単語は、私は副詞だと思うが、どうして助動詞に分類するの？」

というような違和感を感じることもあることを述べておく。

鉄道で例えてみよう。東京の品川駅の場所を地図で調べると、品川区ではなく、港区に位置することがわかる。目黒駅は目黒区ではなく、品川区にある。「目黒駅の近く」という日常感覚的表現は、地図上の客観的表示では「品川区上大崎」となる。このような地図上のねじれがあっても、通勤客は毎日、目黒駅と品川駅を間違えずに乗り降りしている。

漢文法も同様だ。文法と地図は、客観性・合理性を身上とするため、結果的に日常生活感覚と食い違ってしまうこともある。

ただし、そのような食い違いは、そんなに多くない。新宿駅は新宿区にあるし、中野駅は中野区にある。品川駅や目黒駅のような例外（そのような例外には、それぞれちゃんとした理由がある）は、地図でも文法でも少数なので、安心していただきたい。

また地図には、買い物マップとか、ドライブ用の道路マップとか、目的別にさまざまなスタイルの地図がある。

文法も同じだ。日本人の初心者向けの簡明な文法もあれば、学者向けの高度で緻密な文法もある。どれが間違いでどれが正しい、ということはない。

Ⅷ

次に、品詞分類表の独特の用語、「実詞」「虚詞」「体言」「用言」について説明する。

実詞とは、単独で独立した意味をもつ言葉。虚詞とは、実体的な意味を持たず、実詞を補助したり、文の流れを作ったりする言葉である。

昔の漢文では、実詞を「実字」、虚詞を「虚字」「助字」とも呼んだ。漢字は（少数の例外を除き）一字一語なので、「語」「詞」「辞」「字」の区別がやや曖昧である。

副詞は、一般には虚詞に分類するが、実詞と虚詞の中間（半実半虚）と見なす場合もある。

また「体言」「用言」という分類は、中国哲学の「体用」説と対応している。「体用」説とは、この世にあるモノやコトは、「体」（実体）と「用」（はたらきや性質）から成り立っている、という自然観である。

例えば水の「体」は、「水」（体言）という物質である。この世に存在する実際の水は、流れたり（動詞）、冷たかったり（形容詞）、飲むことができる（助動詞）など、さまざまな「用」をもつ。

また、「水がある」と「水があるぞ！」とでは、「水が存在する」という意味は同じだが、ニュアンスは全く違う。この「〜ぞ！」にあたるのが、漢文の助詞（虚詞の一つ）である。

IX

漢文にも文法はある。ただ、漢文は「孤立語」であり、語形変化がない。そのため、文法の「見える化」が、日本語や英語ほど進んでいない。

その他にも、漢文法を「見えにくい」ものにしているのは、以下のような要因である。

① 簡潔を尊ぶ美意識

例えば、先に挙げた、

父父子子

の「父父」（父、父たり）は、単語を補って、例えば

父応尽為父之道

のように長く書くこともできる。訓読は「父は応《まさ》に父為《た》るの道を尽くすべし」（父親は当然、父親としての道を尽くすべきである）となり、意味は明確になる。実際、昔の中国人も、注釈書などでは、原文の意味を説明するため、原文に無い語彙を補い、長く書き直した。

しかし、昔の東洋人（日本人も含む）の美意識では、長ったらしい表現は、野暮だった。

「父、父！ 子、子！」

という簡潔な四字のほうが、力強く心にしみたのだ。

② 音読の習慣

現代人は書物を「黙読」する。しかし、世界のどこでも、近代以前は、書物は本来「音読」するものだった。

漢文では、音読のリズムを整えるため、しばしば意味のない助字や接続詞を使う。

「なぜここで、わざわざ、こんな接続詞が出てくるのか？」「この副詞は、どういう意味なのか？」と理づめで考えても、わからない箇所も多い。漢文の原文を中国語で読むと、

それらの字は、音読のリズムを作るための「字数稼ぎ」や「箸《はし》休め」であることも多い。

古人は、漢文の簡潔の美を尊ぶ一方で、このような冗長性も漢文に求めた。

日本人の漢文訓読は、現代語訳と違い、原漢文の原音の音感的リズムを、あるていど再現している。この意味でも訓読は有用である。ただし、次に述べる「平仄《ひょうそく》」は、残念ながら、日本語の訓読でも字音直読でも体感することができない。

③　平仄の存在

漢文を中国語で音読した時の、それぞれの漢字の高低アクセントを「平仄」（ひょうそく）と言う。「平」は「たいら」、「仄」は「かたむいている」という意味である。また、それぞれのアクセントをもつ漢字を「平字」「仄字」と呼ぶ。

昔の中国人は、漢文を書く時、平字と仄字のバランスにも配慮した。特に、詩や美文を書く場合はそうであった。偶然、平字ばかり延々と続いたり、逆に仄字がずっと続くと、音読した場合、とても耳障りになる。

漢文法を学ぶ日本人は、似たような意味の単語が多いことを、不思議に感じる。

例えば「如〜」と「若〜」は、両方とも「〜ごとシ」（〜のようである）という同じ意味である。実は、「如」は平字で、「若」は仄字なのだ。昔の中国人は、音読の響きを整えるために、意味は同様でも平仄が違う漢字を、いろいろキープしていた。このような例は、他にもたくさんある。

通常の白文の解読のときは、平仄についてそれほど神経質になる必要はない。ただ、詩や美文については、漢字の平仄（中国語の知識がなくても、漢和辞典で調べることができる）を考慮すると、「なぜわざわざこの単語を、この箇所で使うのか」という理由が、すんなりわかることが多い。

④　句読点の未発達

漢文はもともと、白文だった。「、」「。」などの狭義の句読点も、広義の句読点（「」や『』などの引用符や、「？」「！」「…」なども含める）も使わず、ただ漢字だけが並んでいた。

近世に入り、印刷術が普及すると、あらかじめ句読点を打った漢文の本もあらわれるようになるが、石碑の漢文などは、今でも白文のままで書くことが多い。

筆者はさきに、漢文を「映画的言語」である、と述べた。白文の漢文は、映画の中でも、いわば活動写真（サイレント映画。無声映画）である。昔の活動写真は、活動弁士（弁士。活弁）と呼ばれる職業的な解説者とセットであった。白文の漢文も同じ。古代人にとって、漢文の書物は、漢文の読み方（句読点の切り方）や意味内容を熟知している学者とセットの存在であった。

書籍だけを黙読して意味内容を完全に理解する、というのは近代人の発想である。

だが、句読点がないのは、やはり不便である。日本語でも、例えば「愛してる?」（疑問）、「愛してる!」（断言）、「愛してる…」（言葉を濁す）、など、広義の句読点が、決定的な意味をもつ場合が少なくない。

白文も同様で、句読の切り方とか、「?」や「!」の付け方で、文章の解釈が百八十度変わってしまうことが、しばしばある。

実際、『論語』のように古い漢文の書物は、本来の正しい読み方（句読点の切り方）が早い段階で、わからなくなってしまった。後世、『論語』については、さまざまな注釈書が書かれ、また、歴代の学者が自説を主張してきた。漢文がもともと白文だったのは、学者たちが飯のタネを作るための共同謀議だったのではないかと、勘ぐりたくなるほどだ。

右のように、漢文を正確に読むのは、プロの学者でも、なかなか難しい。

国語の教科書に載っているような有名な漢文も、句読点や訓点をはずし、白文に戻した上で、ゼロから読み直したほうがよい。初心者でも、漢文法の正しい知識を学び、辞書などを懸命に調べれば、プロの学者が千年以上も見落としていた画期的な解釈を発見できる可能性がある。

漢文は、それくらい奥深いのだ。

(三) 漢文の種類～文体と詩型

漢文法は、二千年前の漢の時代までに、ほぼ固まった。

Ⅰ

漢文には時代や用途によってさまざまな文体がある。文体の違いは、語彙や用語の違い、リズム、センテンスの長さなどとも直結する。

未知の漢文を読解する作業の第一歩は、その漢文の文体の種類を見極めることである。

日本の古文も、純粋な和語ばかりの『源氏物語』と、和漢混淆文である『方丈記』、江戸時代の戯作《げさく》本などでは、文体や難易度が全く異なる。漢文は、量もスタイルも、古文以上に豊富である。

Ⅱ

漢文は大別して、

純正漢文
変体漢文

の二つに分けられる。

純正漢文は、『論語』『史記』『唐詩選』など、スタンダードの漢文古典の文法・語法で書かれた漢文を指す。

変体漢文は、純正漢文の文法をふまえつつ、その時代・地域の語彙や文法を取り入れて書かれたものである。

日本漢文で言えば、『古事記』は変体漢文で書かれているので中国人や朝鮮人には読めないが、『日本書紀』は純正漢文で書かれているので、中国人や朝鮮人にも読めた。

注意すべきは、変体漢文は日本固有のものではなく、中国本土や朝鮮でも、時代ごとにそれぞれ独自の変体漢文が存在していた、という事実である。

中国人といえども、何百年、何千年も前の古典漢文の読み書きを覚えるのは、大変だった。また役所の公文書などでも、官僚独特の言い回しとか、時事のトピックなどが出てくる。

中国でも、役人が書いた実用的な行政文書や、商人が書いた書簡文などは、口語体の中国語の語彙や語法を交えた変体漢文が多い。

変体漢文といえども、純正漢文から派生したものである。漢文法の基礎としては、まず純正漢文をマスターすることが大切である。

Ⅲ

漢文の文体は多いが、大まかな枠を示すと次のとおり。

漢文	漢文（狭義）	古文…一般的な散文。
	（半韻文 半散文）	駢《べん》文…美文。「駢儷《べんれい》文」とも。 銘文…単に銘、とも。
	漢詩	古体詩…古詩ともいう 近体詩…絶句や律詩など その他…賦など

この他、中国語の変体漢文である「時文」や、古典的韻文である「宋詞」や「元曲」などもあるが、これらは日本では通常「漢文」の範疇に含めない。

広義の漢文は、散文と韻文（詩）の両方を指す。狭義の漢文は散文のみを指す。

漢文の文体の種類は膨大だが、初心者はとりあえず、上記の表くらいを覚えておけばよい。

古文は「お手本とすべき、クラシックな文体」の意である。絶対年代が古い漢文、という意味ではない。『論語』も『史記』も、日本人が慣れ親しんでいる漢文の大半は、この文体である。

駢文は、「駢」（二頭の馬）が引っ張る馬車のように、漢文の対句を並べる美文調の文体で、六朝《りくちょう》時代（二二二～五八九）から発達した。四字句、六字句を多用するので「四六文」「四六駢儷体」などとも呼ぶ。脚韻は踏まないが、漢字の「平仄」の並べ方には韻文同様の配慮が必要なので、半ば散文、半ば韻文というべき文体である。

銘文は、本来、銅器に鋳込んだり、石碑に刻んだりするときに使う詩的な文体で、脚韻を踏むことも多い。日本語で「墓碑銘」「座右の銘」と言うときの「銘」である（徳川家康が、鐘に鋳込んだ「国家安康」「君臣豊楽」云々の漢文の銘文を口実に、豊臣家を攻めた「方広寺鐘銘事件」

も、有名である)。

Ⅳ

漢詩の主な詩型は、左のとおりである。詩の句数と、一句あたりの字数に注目するとよい。

		四言	五言	七言	雑言	句数
古体詩	古詩	○	○	○	○	不定
	楽府	○	○	○	○	不定
近体詩	絶句	×	○	○	×	四句
	律詩	×	○	○	×	八句
	排律	×	○	○	×	十句以上

右の他にも、「賦」(戦国時代の『楚辞』に端を発する長大な韻文スタイル)などさまざまなスタイルの漢詩があるが、紙数の都合上、「賦」の説明は割愛する。

それぞれの詩型は、行数と句数により、「五言絶句《ごごんぜっく》」、「七言律詩《しちごんりっし》」のように呼ばれる。

「四言《しごん》」「五言《ごごん》」「七言《しちごん》」は、一句あたりの字数がそれぞれ四字、五字、七字であるものを言う。「六言」の漢詩は少数の例外なので、表には載せていない。「雑言」は、長短さまざまな句が入り交じった詩である。

「古体詩」「近体詩」(「今体詩」とも言う)はセットの概念で、有名な漢詩人が輩出した唐の時代から見て「昔ふう」「今ふう」の意味である。

古体詩のうち、「古詩」は普通の詩だが、「楽府《がふ》」は古楽曲の歌詞である。古詩は詩吟のように音読したが、楽府は伴奏にあわせて歌われた。しかし、楽府のメロディーは早くに失われ、歌詞しか残っていないため、古詩と同様に朗読されるようになった(後世の人間が二次的に作曲して、歌うこともある)。事実上、古詩と楽府の区別は、名前の上だけのものになってしまった。

近体詩は、字数・句数、および句中の「平仄」の配列が厳密に決められた定型詩である。七字×四句の「七言絶句」や、五字×八句の「五言律詩」はあるが、「四言絶句」や「雑言律詩」は存在しない。

また、四句の「五言古詩」は、字数と句数が「五言絶句」と同じで外見上は酷似するが、句中の「平字」「仄字」の配列が古詩と絶句では異なるため、漢和辞典で平仄を調べれば、両者の違いはわかる。

一般に、漢文の音読のリズムは「四拍子」を好む（ちなみに、日本語の詩歌の「七五調」「五七調」も四拍子である）。これとも関連するが、四言句は「二字＋二字」、五言句は「二字＋三字」、七言句は「二字＋二字＋三字」に切れることが多い。

また漢詩は、どの形式であれ、第二句、第四句…など偶数句の最後の一字は必ず「韻」を踏む。奇数句は韻を踏む義務はないが、七言詩では第一句に限って脚韻を踏むことが多い（踏まない場合もある）。韻字は、漢字の句切れを探す上で、一つのヒントになる。

V

現代の書籍では、漢詩をきちんと行分けして書くが、昔の掛け軸など書道作品では、漢詩を白文のまま書くことが多い。例えば、

錦城糸管日紛紛半入江風半入雲此曲祇応
天上有人間能得幾回聞

総字数は二十八字なので、七字×四行に書き直して見ると、

錦城糸管日紛紛
半入江風半入雲
此曲祇応天上有
人間能得幾回聞

となる。「紛（ふん）」「雲（うん）」「聞（ぶん）」は韻字である。

また、漢和辞典でそれぞれの漢字の「平仄」を調べると、七言絶句の平仄配列のルール（説明は省略する）を満たしていることがわかる。この漢詩は「四句の七言古詩」ではなく、七言絶句であることがわかる。

七言詩の各句は「二字、二字、三字」で切れることが多いので、この白文は、

「錦城、糸管、日紛紛。半入、江風、半入雲。此曲、祇応、天上有。人間、能得、幾回聞。」

ここまで切れれば、意味はだいぶわかりやすくなる（この七言絶句については、百十一頁の練習問題でも触れる）。

VI

漢文の歴史は古く、殷の時代の甲骨文（紀元前十四世紀ごろから）までさかのぼる。三千年前の漢文は、後世と比較すれば素朴なものであった。春秋戦国時代（前七七〇～前二二一）、漢文の語彙やレトリックは劇的に進歩した。二千年前の漢の時代までに、漢文法の語法・句法は九割がた固まり、その後、大きな変化がないまま今日に至っている。

後漢以降も、中国語の口語の語法が漢文に影響を与えるなど、漢文法も若干変化した部分はあるが、それは全体の一割ていどである。

漢文学習のお手本は、昔から、

「文は秦漢、詩は盛唐」

と言われてきた（もともとは明の文人・李《り》夢陽《ぼうよう》らの主張）。

秦漢とは、始皇帝の秦（前二二一～前二〇六）から、前漢（前二〇六～後八）、後漢（二五～二二〇）までを指す。なお、漢王朝は、前漢と後漢をあわせると四百年以上もの長きに及ぶ。そのため、「秦漢」と言うときは秦と前漢（後漢を含めない）を指し、「漢魏六朝」と言うときは（前漢を含めず）後漢から数えることもある。

春秋戦国時代（前七七〇～前二二一）の漢文古典『論語』『孟子』『孫子』『老子』『荘子』『列子』『韓非子』『春秋左氏伝』、前漢の『史記』『淮《え》南子《なんじ》』『戦国策』などの文体は、明晰で骨太の「古文」である。

これに対して、耽美的で繊細な文体である駢文は、貴族趣味が流行した六朝時代（二二二～五八九）から唐にかけて大いに流行した。唐以降も、書簡文や上奏文の美文として使われた。

漢詩の「古体詩」は、漢魏六朝時代までの簡素で骨太の詩形を指し、文章の「古文」と対応をなす。唐以降は、従来の古体詩に加えて、「平仄」という音声的技巧を凝らした新しい詩形「近体詩」が誕生した。近体詩のうち、七言詩には、唐の時代の俗語（口語体）的表現が混じっていることもある。

昔の東洋社会は、いにしえのスタイルを尊ぶ尚古主義の気風が根強かった。百年前の文人も、二千年前の漢文を手本にして、漢文を書いた。近体詩が流行したあとも、古体詩の詩形による新作は書き続けられた。駢文が流行したあとも、古文の文体による漢文は滅びることなく書かれ続け、唐宋期の「古文復興運動」以降は古文と駢文の棲み分けが確立した。

中国では、宋代以降も新しい文体や詩形が生まれた。中国人にとっては宋の「詞」や、元の「曲」なども古典文学である。しかし日本では、これらを「漢詩」「漢文」の範疇には含めない。その理由は、「詞」や「曲」の理解には「漢文」だけでなく（昔の）中国語の知識も必要であること、平安時代中期に遣唐使を廃止したあと日本と中国の文化交流がやや疎遠になったこと、などの理由による。

道生一一生二二生三三生万物

第一課◆基本文型

(一) 大器晩成

(二) 知天命

(三) 与若芧

※傍線は述語的部分であることを示す。以下同じ。

『老子』第四十一章
大器は晩成す。
タイキはバンセイす。

『論語』為政第二
天命を知る。
テンメイをシる。

『列子』黄帝篇（朝三暮四の故事）
若に芧を与ふ。
ナンジにトチをアタう。

【ポイント】

漢文の語順は一応の原則はあるものの、実際はかなり自由である。意味上の主語が目的語の位置に来ることもあれば、意味上の目的語が主語の位置に来ることもある。でたらめに語順が転倒するわけではない。漢文の語順が比較的自由である理由は、達意の重視、簡潔の美学、音読した時のリズムなど、それなりの根拠がある。

【解説】

I

「漢文文法学習の心構え」でも述べたように、漢文は孤立語である。西洋語のような名詞の格変化も、動詞の活用もない。漢文は、レンガのように、単語を並べてゆく言語である。

どの語が主語で、どの語が目的語か、漢文の場合、うっかりすると間違いやすい。

個々の「文型」を学ぶ前に、まず、漢文の「単語の並べ方の哲学」を理解する必要がある。

① **生起順の原則**。事物が発生する、あるいは登場する順番に単語を並べる（日本語の語順と違う場合もある）。

② **目的語後置の原則**。目的語は動詞の後ろに来る（日本語と逆）。

③ **修飾語前置の原則**。形容詞や副詞などの修飾語は、被修飾語の前に置く（日本語と同じ）。

④ **否定詞前置の原則**。打ち消しの言葉は、打ち消す単語の前に置く（日本語と逆）

II

主語と述語がある場合は、自然に、主語＋述語の語順となる。これは日本語と同じである。

例文㈠「大器晩成」は、日本語でもそのまま「タイキバンセイ」という四字熟語として使うが、実は漢文である。漢文訓読すると「タイキはバンセイす」と読める。直訳は「大きな器は、ゆっくりと完成する」である。職人が陶器を作るとき、小さな器はすぐに完成するが、大きな器はできあがるまで時間がかかる。これと同様に、器量の大きな人物は、一人前になるまで時間がかかるので、成長を暖かく見守ってやるべきだ、という意味の言葉である。

主語は「大器」、述語は「晩成」である。「大」という修

例文(二)「知天命」は、「天の運命を知る」つまり「天が自分に与えた運命や使命とは何か。それを理解する」という意味である。

「〜を〜する」という場合、日本語では「目的語（〜を）＋動詞（〜する）」の語順だが、漢文は日本語と反対に「動詞＋目的語」と逆になる。

これは、日本語の中の漢語と同じ原理である。「本を読む（書を読む）」を漢語化すると「読書」、「会場に入る（場に入る）」は「入場」。漢文を知らない日本人でも、漢語では「読書」とか「入場」など、ちゃんと「動詞＋目的語」の語順を使う。

ただ注意すべきは、日本人も、四字以上の熟語の場合は、日本語の語順に引きずられて「目的語＋動詞」の語順に戻ってしまうことである。例えば「入場を禁止する」という言葉を漢文化すると「禁止入場」が正しい語順であるのだが、通常の日本語では「入場禁止」という漢文としては破格の語順を使うようになる。

さて、ここでついでに漢文訓読の「返り点」についても、簡単に触れておこう。

日本人の先祖は、「読書」や「入場」などの漢語を、日

飾語は「器」の前に、「晩」という修飾語は「成」の前に来る。

なお「大器晩成」の訓読は、

① 大器、晩成す。

② 大器は晩成す。

③ 大いなる器《うつわ》は晩に成る。

などがあるが、どれも意味は同じで、訓読としても正しい。

江戸時代前期までは③のように、漢字をなるべく訓読みする柔らかい訓読スタイルも普及していたが、江戸時代後期から漢字の音読みの比率を高めた硬い訓読スタイルが流行し、今日に至っている。

江戸時代は武士の時代である。武士は漢文訓読のとき、音読みの比率を高めた①や②のようなゴツゴツした響きの読み方を好んだ。今日に至るまで、一字語の漢字はなるべく訓読みで、二字以上の語彙はなるべく音読みで読む、という硬めの訓読スタイルが普及している。が、現代でも③のような古い柔らかい読み方を好む本もある。

なお②の漢文に送り仮名を振ると、

大器晩《ハ》成《ス》

となる。

本語に直すと「書を読む」「場に入る」という語順になることに気づいた。そこで、漢文の原書に「レ点」や「一・二点」など漢文訓読専用の記号（返り点）と、送りガナや振りがなを書き込むことで、漢文を日本文として読む方法を考案した。

例えば「読書」「入場」は、漢文の原文に「レ点」と送りガナを追加して書き込み、

読《ム》レ書《ヲ》

入《ル》レ場《ニ》

として、それぞれ「書を読む」「場に入る」と訓読することもできる。なお漢文訓読は、日本の古文の一種なので、漢文訓読の「入る」は、現代語「ハイる」ではなく、古語「イる」である。

話を例文㈡「知天命」に戻すと、これは「天命を知る」と読むために、

知《ル》二天命《ヲ》一

と訓点と送りガナを施す。

「レ点」や「一・二点」は、漢字の順番を日本語の語順にあわせて引っ繰り返らせるため、読む順番を示すために考案された記号である。余談ながら、「レ」や「一・二」の記号は「線」であって、「点」ではないが、平安時代の漢文訓読で使われていた「ヲコト点」（これは本当に点であった）という名称のなごりで、今も「レ点」とか「訓点」とか、漢文訓読に関する述語については「点」という語が残っている。

動詞の後ろに、目的語が二種類、来る場合もある。例文㈢「与若芧」は、「おまえたちに（間接目的語）トチの実を（直接目的語）与える（動詞）」という意味である。「若」という漢字は多様な意味をもつ要注意の漢字だが、ここでは「おまえ」ないし「おまえたち」という二人称。訓点を施すと、

与《フ》二若《ニ》芧《ヲ》一

となる。

Ⅲ

漢文では、一見すると倒置法のような言い方もよく見かける。例えば、次の漢詩の第二句である。

偶成　　伝・朱熹（一一三〇〜一二〇〇）

少年易老学難成　少年老い易く学成り難《がた》し
一寸光陰不可軽　一寸の光陰　軽んずべからず
未覚池塘春草夢　未だ覚めず池塘春草《ちとうしゅんそう》の夢
階前梧葉已秋声　階前の梧葉《ごよう》　已に秋声

この有名な七言絶句は、長らく宋の朱子の作と信じられてきたが、近年の研究により、日本の十四世紀ごろの僧侶の作であることが判明した。

作者が誰かはさておき、「一寸光陰不可軽」は、漢文法の目的語後置の原則に忠実に従えば、

A「不可軽一寸光陰」（一寸の光陰を軽んずべからず）

あるいは、

B「一寸光陰、不可軽之」（一寸の光陰は、之を軽んずべからず）

などと書いてもよいはずだ。

しかし、「生起順の原則」に従えば、「一寸光陰不可軽」も自然な語順である。意識の流れの順番に従えば、

i「一瞬の時間（話題の提起。主題語）」
ii「（私たちは、どう扱えばよいだろう？）」
iii「軽く扱ってはいけない（結論。述語）」

でもよい。また七言絶句の場合、一行は「二字、二字、三字」に切れるよう整える。以上、生起順の原則と、漢詩の平仄・押韻の約束事などの理由により、「一寸光陰不可軽」という語順が最も自然になる。

Ⅳ

漢文の語順は英語に似ていると言われる。しかし、文（あるいは句）の最も基本的な形である「第一要素＋述語（動詞）」では、この第一要素には、「主語」（S）以外に、

① 副詞「朝聞道夕死可矣（朝《あした》に道を聞かば、夕《ゆう》べに死すとも可なり。＊「朝《あした》が…夕《ゆうべ》が…」ではない）」

② （倒置された）目的語（あるいは主題語）「後世可畏（後世《こうせい》畏《おそ》るべし。＊「後世が畏れる」のではない）」

③ 助詞「維新（維《こ》れ新たなり。＊「維《こ》れが新しい」のではない。百七十四頁参照）」

など、様々な要素が現れる。また、前置詞句や接続詞が来ることもあれば、「威而不猛（威あって猛《たけ》からず）」のように述語（動詞）だけの文も珍しくは無い。漢文読解では、この第一要素の語の働き（品詞）を把握することが、最初のポイントになる。

【練習問題】 以下の漢文の書き下し文を、漢文法の語順を考えて、元の漢文に復元せよ（このような作業を「復文」と言う）。

我、汝を愛す。

【解説】

「我、汝を愛す」（ワレ、ナンジをアイす）は、「私は（主語）、おまえを（目的語）愛している（動詞）」という意味である。

漢文では「主語＋動詞＋目的語」の語順になるので、復文すると、

「我愛汝」

となる。

この語句は、幕末の志士・藤田東湖が書いた漢詩の一部で、原文は「瓢兮瓢兮我愛汝」（瓢《ひょう》や瓢や、我、汝を愛す）。この漢詩の中の「おまえ」は、人間ではなく、酒を入れたヒョウタンを擬人化して「おまえ」と呼びかけている。

第二課◆代名詞

㈠ 我愛其礼

㈡ 爾為爾
我為我

㈢ 大笑之

『論語』八佾
我は其の礼を愛す。
ワレはソのレイをアイす。

『孟子』公孫丑上
爾は爾為り、我は我為り。
ナンジはナンジタり、ワレはワレタり。

『老子』第四十一章
大いに之を笑ふ。
オオいにコレをワラう。

【ポイント】
西洋語と違い、漢文では代名詞は必須ではない。前後の文脈から意味上の主語が明らかな場合は、一々主語を明示する必要はない。

【解説】

I

西洋語と違い、漢文では「主語」や「代名詞」は必須ではない。さして意味はないが文章のリズムを整えるために代名詞を加えることもある。

漢文の人称代名詞を表す漢字は、字形とは関係なく、字音を借りてあてたものが多い。

また、漢文の人称代名詞は数が多く、それぞれ、身分関係や敬意など微妙なニュアンスに応じて使い分ける必要がある。「無色透明」に使える代名詞は「我」くらいで、それ以外の代名詞の漢字は、気取った語感、くだけた語感、相手を尊敬する気持ち、見下げる気持ちなど、それぞれ独特なニュアンスをもっている。

まず、主な語彙を掲げる。

人称代名詞
一人称　**我**《われ》　**吾**《われ》　**余**《よ》　**予**《よ》　**儂**《われ》　…
二人称　**女**《なんぢ》　**汝**《なんぢ》　**若**《なんぢ》　**爾**《なんぢ》　**而**《なんぢ》　**伊**《なんぢ》　…
三人称　**彼**《かれ》　**其**《それ》　…

指示代名詞
此《これ》　**是**《これ》　**斯**《これ》　**之**《これ》　**其**《それ》　…

複数形は「我等（我ら。わたしたち）」「汝等（汝ら。おまえたち）」「汝曹（汝が曹《そう》。おまえたち）」など接尾語をつけて表現する。また西洋語と違い、主格・所有格・目的格などの変化はない。

II

以下、主な代名詞について解説する。

① **一人称「我」「吾」**

古代の漢文から現代の中国語まで、最も普通の一人称は「我」である。「我」は、話者の性別、年齢、身分を問わず「わたし」の意味で使う。

例文㈠「我愛其礼」は、孔子の言葉。孔子の弟子の子貢が、神霊に羊を捧げる儀礼を廃止しようと考えたとき、孔子は「おまえはあの羊をもったいないと思うが、わしはあの礼が無くなるのが惜しい」と言った。

「我」の字源は「ぎざぎざの刃の目か綺麗にそろったノコギリのような刃物」で、「わたし」の意味とは関係ない。古代の中国語で「わたし」にあたる単語の発音が「ガ」であったことから、ガという発音をもつ「我」を当て字として使用した。

一人称を示す「ガ」（我）の発音を少しくずした形が「ゴ」（吾）である。現代日本語で「わたし」と「ぼく」のニュアンスが違うように、古代の漢文でも「我」と「吾」は若干の語感の違いがあった。「我」と「吾」の使い分けについては諸説があるが（漢文の文体にも、時代の変化による流行の差異があるため）、一般論としては、「我」は一般的な無色透明な言い方、「吾」は「ぼく」「わし」（男子の場合）「あたし」（女子の場合）のように自分自身の色合いを含んだ言い方である。

例えば、『論語』公治長《こうやちょう》の次の一文では、「我」と「吾」が出てくる。

子貢曰「我不欲人之加諸我也、吾亦欲無加諸人。」子曰「賜也、非爾所及也」

子《し》貢《こう》曰《いは》く「我、人の諸《これ》を我に加へんことを欲せざるは、吾、亦た諸を人に加ふること無からんと欲す」と。子曰く「賜《し》や、爾《なんじ》の及ぶ所に非ざるなり」と。

孔子の弟子である子貢が言った。「他人が自分に対してしてほしくないと思うことは、ぼくもまた、他人にしようとは思いません」。孔子は言った。「賜（子貢の名前）よ、そんな立派なことは、おまえにできることではないぞ」。

最初の二つの「我」は、一般的な「わたし」であり「自分」である。後半の「吾」は、子貢自身がわが身について言う「吾」である。

このほか、ちょっと気取った一人称である「余」や「予」、唐詩などにも出てくる方言・俗語的な「儂」（日本語では「わし」と訓ずるが、漢文では老人に限らない）など、いろいろある。修辞法でも、自分のことをわざと気取って第三者的に「人」と呼んだり、身分面では、天子は「朕」、諸侯は「寡人」、臣下は「臣」と称するなど、漢文における一人称および一人称的に使われる語彙はきわめて豊富である。この感覚は、日本人にもわかりやすい。

② **二人称「汝」「爾」**…

一人称の「我（ガ）」「吾（ゴ）」は、ゴツゴツした佶屈《きっくつ》聱牙《ごうが》の硬い語音だが、漢文の二人称は、日本漢字音の呉音読みで「ニョ」「ニ」、漢音読なら「ジョ」「ジ」のように、ねっとりと接着する語感の発音をもつ漢字を宛てる。

昔の中国語では、ぺったりくっつくものを「ニ」とか「ジ」と発音した。顔の両脇にくっついてるのは「耳」、ふたつのものがくっつくと「二」。「人」や「仁」を呉音で「ニン」、漢音で「ジン」と読む。人は互いにくっついて生きる集団的な動物で、人と人がつながる心が「仁」だ。

ゴツゴツした硬い「我」「吾」にぺったりくっつくのが「汝（ジョ、ニョ）」や「爾（ジ、ニ）」である。「汝」も「爾」も、本来の字義と関係なく、発音を借りた当て字である。これらと同音・近音の漢字「女」「而（ジ、ニ）」「若（ニャク、ジャク）」も同様。

例文㈡「爾為爾、我為我」は「おまえはおまえ、俺は俺だ」の意。

西洋語と違い、漢文には「無色透明な二人称」は存在しない。この感覚は、日本語の二人称と近い。日本語では、自分の目上の人に向かって直接「あなた」とは言いにくい。例えば、生徒が先生に向かって「あなたはどう思われますか？」と言うのは、なれなれしい。「先生はどう思われますか？」が正しい。漢文の二人称も同様で、基本的に目上に対しては「汝」「爾」など「むきだしの二人称」を使うことは避ける。

③ **三人称「彼」「其」**…

漢文における三人称は、西洋語とくらべて影がうすい。「彼」「其」は、名詞の前について「かの」「その」を表したり、あるいは「我」に対する「彼」、「此」に対する「彼」など、対比的な場合に使われることが多い。二人称の場合と同じで、相手の身分にふさわしい呼称ではなく、わざと三人称だけで使うと、その相手を批判する意味になってしまう。

『論語』憲問篇に、孔子の「彼哉、彼哉」（彼をや、彼をや）という有名な言葉がある。ある人が孔子に「子西という人は、どんな人物か」と聞くと、孔子は「あいつか、あいつか」と答えた。「語るまでもないつまらぬ人物だ」という批判的な意味である。

英語のheないしsheのような、無色透明の語感の「彼」「彼女」の意味を表すためには、漢文では「斯人」

（このひと）のような二次的な言い方をする必要がある。

④ **指示代名詞「此」「是」「斯」「之」「其」…**

「これ」「この」という意味の漢字は「此（シ）」「斯（シ）」「之（シ）」「是（ゼ）」など、発音が似ている。「諸（ショ）」は、本来は「もろもろの」という意味の漢字だが、「之於（シ・オ）」つまり「（…に対して）これを」の短縮形として目的語の指示代名詞としても使われる。

「之」は、動詞の後ろにつく場合、その動詞が他動詞であることを示す。

例文㈢「大笑之」は、「これを笑い飛ばす」の意。

日本語では自動詞と他動詞の区別が厳密で、例えば「家を建てる」と「家が建つ」を峻別する。漢文（および中国語）では、自動詞と他動詞の区別が曖昧で、その代わり、動詞に後ろに形式目的語「之」を付けることで他動詞であることを示す。

戦時中、日本の軍人が「見敵必滅」のはちまきを締め、中国人に不思議がられた、という逸話がある。日本人は「敵を見れば必ず滅ぼす」というつもりだったが、漢文では「敵を見れば必ず滅ぶ」という自動詞になってしまう。他動詞化するためには「之」を加え、「見敵必滅之」（敵を見れば必ず之を滅ぼす）と書かねばならない（百五十九頁参照）。

ちなみに、日本国憲法前文の「その権力は国民の代表者がこれを行使し、その福利は国民がこれを享受する」云々の「これ」は、漢文の「之」の意味用法を引きずった表現である。

「吾輩」は「われわれ」の意

夏目漱石の小説『吾輩は猫である』の「わがはい」は、男性専用の一人称単数（わたし）である。

しかし、漢文の漢語「吾輩」は「ゴハイ」と読み、（男女に関係なく）「われわれ」という意味で、日本語とは違う。漢文では「我輩」も「われわれ」の意。

【練習問題】次の漢文の「越王勾践与呉人戦」は、「越王勾践《こうせん》、呉人と戦ふ」と訓読する。古代の越国の王であった勾践は呉国を相手に戦争した、という意味である。傍線部に注意し、この戦争で勝利したのは越と呉のどちらであるかを答えよ。

A　**越王勾践与呉人戦、大敗。**
B　**越王勾践与呉人戦、大敗之。**

【解説】

漢文の動詞「敗」は、後ろに目的語がなければ「敗れる・負ける」という自動詞になるが、目的語を取れば「敗る・うち負かす」という他動詞になる。

A「大敗」は、後ろに目的語を取らないため、「大敗す（おおいに負ける）」という意味になる。呉が勝利し、越が敗北したことになる。

B「大敗之」は、動詞「敗」の後ろに「之」という目的語を取るので、「大いに之を敗る」（おおいに、打ち負かした）という他動詞の意味になる。越が勝利し、呉が敗北したことになる。

日本語に「呉越同舟」という四字熟語があるとおり、古代の呉と越は、敵対する隣国どうしであった。

なお、Bの漢文は、前漢の劉向《りゅうきょう》の著作『説苑《ぜいえん》』に載せる原文どおりである。Aは、筆者がアレンジした漢文である。

第三課◆繫詞

㈠ 吾子房也

㈡ 諸仏是人

㈢ 其名為鯤

『三国志』魏書・荀彧《じゅんいく》伝
吾が子房なり。
ワがシボウなり。

『摩訶般若波羅蜜経』
諸仏は是れ人なり。
ショブツはコレヒトなり。

『荘子』逍遙遊《しょうようゆう》
其の名を鯤と為す。
ソのナをコンとナす。

【ポイント】

繫詞は「繫辞」とも言う。「AはBである（AもBも名詞。Aは主語、Bは補語）」という意味を示すため、AとBをつなぐ言葉である。漢文では「AB」「AB也」「A為B」「A是B」など、さまざまな書き方をする。

【解説】

I

繫詞は、文法学の専門用語ではコピュラ（copula）と言う。主語と述語を結ぶための語を指す。「繫詞」は意味分類であり、品詞分類ではない。

英語では I am a man.（私は人間です）の am（be 動詞の一つ）が繫詞である。

漢文の「AはBなり」はいろいろある。

① **AB式**「我人。」我は人なり。

② **AB也式**「我人也。」我は人なり。

③ **A是B式**「我是人。」我は是れ人なり。

④ **A為B式**「我為人。」我は人為り。ワレはヒトタり。

右のどれも漢文としては正しい。

①AB式は、繫詞を使わず、名詞どうしを直結する。日本語でも「わたし、人間」と言えば、片言ながら通じる。「我人」は簡潔だが、「我」と「人」の関係が曖昧だ。「我は人なり」（私は人間です）とも、「我が人」（私の人）とも解釈できてしまう。ただ、漢文の「簡潔の美意識」に合致する表現法であるため、漢文では、前後の文脈から誤解の余地が無いときに使われる。

②AB也式は、文末に断定の語気助詞「也」を加えた、AB式よりやや明確な書き方。漢代以前の古い漢文では、スタンダードな表現である。ただし、この書き方でも依然として「A、Bなり」なのか「AのBなり」なのか、曖昧さは残る。

例文㈠「吾子房也」は、三国志の英雄・曹操が、優秀な人材である荀彧を得て喜んだ時に言った言葉である。「子房」は固有名詞で、前漢の初代皇帝・劉邦に仕えた名参謀、張良のあざな。「吾子房也」は、文法的には「吾は子房なり」（私は張良である）とも、「吾が子房なり」（私の張良である）とも解釈できてしまう。原文の前後の文脈から、ここでは後者の意味だとわかる。

「也」は、訓読では「なり」（助動詞）と読んだりするので、日本人の感覚だと英語のbe動詞に相当するように誤解されやすいが、漢文の「也」はあくまで文末の語気助詞であって、繋詞ではないことに注意。

Ⅱ

AB也式の派生形の定型句の一つに、

A者B也

がある。訓読は「Aなる者はBなり」。

日本語の「〜者」は学者とか役者など人間につけることが多いが、漢文の「〜者」の意味用法ははるかに広い（百七十頁参照）。A者B也の「者」は「引用符号的な意味を兼ねた準繋詞」で、

「A」とは「B」である

という意味になる。例えば、

政者正也　（『論語』顔淵）

は、訓読は「政なる者は正なり」、直訳は、

「政」とは「正」である。

政治の本質は「正す」ことだ、の意である。

Ⅲ

漢代以降は、「**A是B**」＝「Aは是れBなり」という明晰な言い方が主流になる。

例文㈡「諸仏是人」は、「ブッダたちは（神ではなく）人間である」の意。出典の『摩訶般若波羅蜜経』は、鳩摩羅什（三四四？〜四一三？）による漢訳仏典。よく似た名前の『摩訶般若波羅蜜多心経』（般若心経）とは別の書物である。

「是」は本来「コレ」という名詞である。先秦時代の漢文では、主語が長々しくなった場合、直後に「コレ」を挿入して、主語を一つにくくった。

富与貴是人之所欲也　（『論語』里仁）

は、訓読は「富と貴とは、是れ人の欲する所なり」。直訳は「富と貴。これ（ら）は世の中の人が欲するところのものである」。もし「是」を取って「富与貴人之所欲也」と書いても、文法的には正しいが、句読点が無かった昔、そう書くと「富＋与＋貴人」（富は貴人に与ふ）と誤読する可能性もあった。このように、漢代以前の古い漢文では、主語が長々しい場合に限り、「是」を挿入した。

恩返しに関する「結草銜環《けっそうかんかん》」という故事成語がある。「結草」は、自分の娘の命を助けてもらった老人が、幽霊となって戦場にあらわれ、草を結んで罠《わな》を作り、主人公を助けたという故事。出典は、戦国時代に成立した（異説もある）『春秋左氏伝』宣公十五年の条。原文で、老人の幽霊は、

a　**余而所嫁婦人之父也**

と語る。このセリフを、後漢の書物では、

b　**余是所嫁婦人之父也**　（『論衡』死偽）

と新しい繋詞「是」を挿入して引用した。漢文法にも、時代の変化があるのだ。

aの訓読は「余は、而（なんじ）の嫁する所の婦人の父なり」、意味は「私は、おまえ（「結草」の故事の主人公）が（殉葬させず、よそに）嫁がせてくれた女の父である。」

「こレ」に当たる代名詞「是」「此」「斯」のうち、繋詞化したのは「是」だけである。

なお、漢文「是～」の打ち消しは、「非～」（～に非ず）である。「非是～」（是れ～に非ず）、「不是～」（是れ～ならず）と書く場合もある。

漢代に確立した漢文の繋詞「是」は、現代中国語でもそのまま受け継がれている。中国語では「私は日本人です」は「我是日本人」、打ち消しは「我不是日本人」である。

Ⅳ

④「**A為B**」は、訓読すると、

(1) A（は）、Bたり　…「為」は代用繋詞

(2) A（は）、Bと為る　…「為」は一般動詞

の二つの可能性がある。(1)は「AはBである」、(2)は「AはBとなる」の意。（日本語の表記法の約束事に従い、断定の助動詞「たり」は、「為り」でなく、平仮名で「たり」と書く）

「為」は本来、「…となる」あるいは「…と見なす（みなされる）」という意味の動詞。例えば、

以A為B

は「Aを以てBと為す」（AをBにする、あるいは、AをBと見なす）という動詞である。

例文(三)「其名為鯤」は「その名は鯤である」の意味。鯤は、北の暗い海に棲む伝説の巨大魚。

漢文では、左のどの書き方もOKである。

a **「其名鯤」** 其の名は鯤なり。

b **「其名鯤也」** 其の名は鯤なり。

c **「其名是鯤」** 其の名は是れ鯤なり。

d **「其名為鯤」** 其の名を鯤と為す。

e **「其名曰鯤」** 其の名を鯤と曰ふ。

d「其名為鯤」は「以其名為鯤」（其の名を以て鯤と為す）と、の「以」を省略した形であると考えてもよい。なお、「為」という字は、「ため」「なス」「つくル」「たリ」など、さまざまに訓読しうるので、前後の品詞や文脈などを吟味し、その都度正しく解釈する必要がある（百六十七頁参照）。

eの「曰」は繋詞ではないが、ここで解説しておく。動詞「曰」（いはク。いフ）は「引用符号的な意味を兼ねた動詞」である。例えば、

子曰女器也　（『論語』公冶長）

を訓読すると、

子、曰く「女は器なり」と。

と「　」がつく。意訳は、

先生は言われた。「おまえは器用貧乏だ」

同じ「言う」という意味をもつ他の動詞、「言」「語」「話」などは、引用符号的な意味は兼ねない。動詞「云」は、「云爾」（しかいフ。うんじ）という形で、文章の終了を示す記号的な意味も兼ねることがある。漢文の白文には、句読点や引用符号はないので、「（A）者（B）也」「曰」「云爾」など一部の語句が句読点の機能も代用するのだ。

Ⅲ

○ その他の繋詞

まれに「A係B」（AはBに係る）と書き「AはBである」の意味を表すこともある。「A係B」は方言的で、「A是B」ほど普通ではない。

○ 即や則について

繋詞「是」は、論理接続を示す「即」とあわせて「即是」（即ち是れ。つまり～だ）と熟語化して使うことも多い（第九課の接続詞の章を参照）。

【練習問題】次の漢文の意味を解釈しなさい。

日日是好日

【解説】

唐の時代の禅僧・雲門文偃《ぶんえん》の有名な言葉で、出典は『雲門広録《こうろく》』。

「好」の意味は、動詞「好む」と、形容詞「好し（ヨロし）」がある。「愛好」「嗜好」の「好」は「このむ」だが、「好日」「好事」「好漢」の「好」は「良い」という意味である。

日本語ではそのまま「ひびこれこうじつ」と読み、ことわざとしても使う。意味は「一日、一日が良い日である」の意。

第四課◆否定詞

(一) 四十而不惑

(二) 汝身非汝有也

(三) 窮寇勿迫

『論語』為政《いせい》
四十にして惑はず。
シジュウにしてマドわず。

『荘子』知北遊《ちほくゆう》
汝の身は汝の有に非ざるなり。
ナンジのミはナンジのユウにアラざるなり。

『孫子』軍争《ぐんそう》
窮寇には迫る勿れ。
キュウコウにはセマるナカれ。

【ポイント】

漢文の否定詞は多種多様である。用言の否定、体言（名詞）の否定、禁止の命令文など、場合によって適宜、それぞれの否定詞を使い分ける。「否定詞」は意味分類であり、品詞分類ではない。品詞の枠組みから見ると、否定詞は、副詞、動詞、感動詞などさまざまな品詞にまたがる。

【解説】

I

漢字の否定詞は、P音やM音など唇を使う発音が多い。日本語の漢字音では、P音はハ行、M音はバ行に該当する。

① **用言**（動詞・形容詞）**の前につく否定詞**

不（フ）、**弗**（フツ）、**未**（ミ・ビ）

② **名詞の前につく否定詞**

非（ヒ）

③ **存在を打ち消す否定詞**（無い、という意味）

無（ム）、**莫**（バク）、**没**（ボツ）、**靡**（ビ）

④ **禁止の命令文用の否定詞**（〜するな、の意）

勿（モチ）、**莫**（バク）、**毋**（ブ）、**休**（キュウ）

（※無、没なども禁止に転用できる）

⑤ **否定の間投詞**（英語の「ノー」にあたる言葉）

否（ヒ）

⑥ **特殊な否定**

微（ビ）

まだ文字がなかった原始時代、中国人の先祖は、「そうじゃないよ」と否定の気持ちを言うとき、唇を丸めて「プウ」のように発音していたらしい。西洋語の否定詞は「no」「not」「never」のようにN音が多いが、漢語の否定詞は唇音（B、P、M、Fの子音で始まる発音）が多い。

三千数百年前に漢字が生まれると、意味用法ごとに否定詞を細かく書き分けるようになった。

① **用言の前につく否定詞**

基本は「不」である。

例文㈠「四十而不惑」は、晩年の孔子が自分の人生を回想した言葉の中の一つで「（数え年の）四十歳になって、物事にとらわれぬ自由な境地になった」という意味である。四十歳を「不惑」と言うのは、ここから来ている。「惑ふ」

（惑う）という動詞の否定なので、「不」を使う。

「不」と近音の「弗」も、不と同様に用言の否定に使うが、「不」より打ち消しの語気が強い。

「未」は「まだ…していない」という特殊な否定である。漢語「未来」は、「未《ダ》レ来《ラ》」（イマだキタらず）つまり「まだ来ていない」の意で、そこから転じて未来という時間帯を指す名詞になった。

② **名詞の前につく否定詞**

「非」は、訓読では「非ず」（あらズ）と読む。例えば漢語「非常時」は、訓読すると「常（名詞）に非ざる時」、意味は「通常の状態ではない、危険な時」。

例文㈡「汝身非汝有也」は、「おまえの体は、おまえの所有物ではない」の意。人間は、自分の体を自分のものだと思いこんでいる。しかし人間は、病気になったり年をとったり、自分の体すら思い通りにできない。人間の体は、大自然からの預かりもので、いつかは返さねばならない、という意味。「汝有」は「汝、有す（おまえが所有する）」の意だが、ここでは「おまえが所有するもの」という名詞句になっているので、否定詞は「非」を使う。

③ **存在を打ち消す「無い」という否定詞**は「無」「莫」「没」などを使う。

例えば「無人」は「無《シ》レ人」（人無し。ヒトナし）である。「莫大」は「莫《シ》レ大《ナルハ》」（大なるは莫し。ダイなるはナし。これより大きいものはない）から転じて、非常に多い、という意味で使われる。

「没個性」は「個性が無い」の意。「無個性」は単純に個性が無いという意味だが、没個性は「個性が無さすぎる」という強調否定である。

④ **禁止の命令文用の否定詞**は「勿」「毋」が基本だが、実際には「無、莫、没」など存在の否定詞を転用することも多い。

そもそも、他人に「～するな」と禁止する言い方は、言うほうも聞くほうも緊張する。「～するな！」というむき出しの禁止をするより、「～することはない」という、存在否定による婉曲な禁止のほうが、エレガントである。漢文の「勿」「毋」は「～するな！」という露骨な禁止、「莫」「無」「没」はやや婉曲な禁止である。

例文㈢「窮寇勿迫」は、いわゆる孫子の兵法の教えの一つ。「追い詰めた敵には、うかつに近づくな」という直接的な禁止である。「窮鼠《きゅうそ》かえって猫を噛む」のたとえのとおり、逃げ場のない敵は全力で捨て身の反撃をする。敵を袋のネズミにしたら、わざと包囲網の一角にすきを作り、敵の逃げ道を作っておくとよい、というのが、孫子の兵法の考え方である。現代でも、例えば会社の上司が部下を叱るとき、部下が言いわけできるよう「逃げ道」を残してやるのがコツとされる。

なお「勿迫」の訓読は、「セマる（動詞の連体形）＋ナカれ」でも、「セマることナカれ」でも、どちらでも良い。

「毋」（ブ）は、「勿」と同等以上の強い口調で禁止を表す否定詞。「母」（はは。ボ）とよく似ているが、全く別の字なので要注意。

「莫」は、「勿」よりは穏やかで丁寧な禁止。

唐の王翰《おうかん》の七言絶句「涼州詞」は、日本でも有名である。

葡萄美酒夜光杯　葡萄《ぶどう》の美酒　夜光の杯
欲飲琵琶馬上催　飲まんと欲して琵琶《びわ》馬上に催す
酔臥沙場君莫笑　酔ひて沙場に臥す　君笑ふ莫れ
古来征戦幾人回　古来　征戦　幾人か回《かへ》る

シルクロードの戦場に出征した兵士が、シルクロード名物の葡萄酒を、夜光のグラスで飲もうとする。ふと、誰かが馬の上で、シルクロードの楽器である琵琶を弾き始めた。もし、ぼくたちがこのまま、酔っぱらって戦場（「沙場」は戦場の意）に倒れても、君よ、笑ってくれるな。昔から、国境を出て戦い、生きて帰れた人は、何人もいないのだから。

⑤ **特殊な否定詞**「微」は、名詞の前について「もし…が無かったら」という仮定を示す。「ビ（ミ）」という字音からも察せられるとおり、無・未の仲間の語である。

例えば『論語』憲問の孔子の言葉「微管仲、…（以下略）」云々は「管仲微《な》かりせば…」と訓読し、意味は「もしも管仲（政治家の名前）がいなかったら…」である。

II

否定の連続は、解釈が分かれるので要注意である。例えば「**不A不B**」という語句の場合、次の三つの意味が考えられる。前後の文脈から、どの意味に解釈するのが最も適切かを判断する必要がある。

① 単純な並列…AでもなければBでもない。
② 条件節＋結論…Aでないと、Bしない。
③ 二重否定…BしないというAはしない。

例えば、

君子不憂不懼（『論語』顔淵《がんえん》）

は「君子は憂へず懼《おそ》れず」と訓読し、意味は「君子は、心配も恐怖もしない」という「①単純な並列」だが、

不憤不啓（『論語』述而《じゅつじ》）

は「憤せざれば啓せず」と訓読し、意味は「（生徒が胸の中に現状に対する不満と）鬱憤を抱いていなければ、（教師は）啓発できない」＝「どんなに有能な教師も、生徒が自分を変えるために勉強したいという強烈な意欲をもたねば、啓発教育はできない」と「②条件節＋結論」になる（詳しくは、第十六課参照）。

この他、

不憂不足（『荀子』富国）

は「足らざるを憂へず」と訓読し、「不足になる心配はない」という「③二重否定」になる。

Ⅲ

古代の否定文では、目的語が代名詞である場合に限り、例外的に「否定語＋目的語（代名詞）＋動詞」と語序を倒置した。例えば、後世の漢文なら、

a **不知吾也**（吾を知らざるなり）
b **我未見之也**（我未だ之を見ざるなり）

と書くところを、古代の文体では「吾」や「之」などの代名詞を動詞の前に移して、

A **不吾知也**（『論語』先進《せんしん》）
B **我未之見也**（『論語』里仁《りじん》）

と書いた（aとA、bとBの訓読はそれぞれ同じ）。

後世の漢文でも、古代の文体を模倣した擬古文では、わざと昔風に否定文の語序を逆転することがあるので、要注意である。

【練習問題】次の漢文のそれぞれを訓読し、意味を述べよ。

a 不言 b 無言 c 未言 d 非言 e 勿言 f 莫言

【解説】

a不言…言はず（イわず。言わない）、言はず（モノイわず。口を開かない）、等。b無言…言ふ（こと）無し（言葉を言わない）、言ふ（こと）無かれ（言うな）、言ふ（こと）無からん（言わないようにしよう）、等。c未言…未だ言はず（まだ言わない） d非言…言ふに非ず（言うわけではない），言に非ず（ゲンにアラず。言葉ではない） e勿言…言ふ（こと）勿れ（イうナカれ。言ってはならない） f莫言…言ふ（こと）莫れ（イうナカれ。言わないでくれ）、言ふ（こと）莫らん（イうナカらん。言うまい）、等。

ちなみに、『荘子』則陽に出てくる「非言非黙」は、「言ふにも非ず、黙するにも非ず」（言葉で言うわけでも、沈黙を守るわけでもない）。ノーベル文学賞を受賞した作家の「莫言《ばくげん》」氏のペンネームの由来は「言う莫れ」である。

第五課◆単純疑問と反語

㈠ 雲耶山耶
呉耶越

㈡ 不亦説乎

㈢ 一家遺事人知否

頼山陽の漢詩「泊天草洋」
雲か山か、呉か越か。
クモかヤマか、ゴかエツか。

『論語』学而篇《がくじ》
亦た説ばしからずや。
マたヨロコばしからずや。

西郷隆盛の漢詩「偶成」
一家の遺事、人、知るや否や。
イッカのイジ、ヒト、シるやイナや。

【ポイント】

「～か?」と質問する文を、疑問文と言う。疑問文には「はい」「いいえ」のどちらかの答えを要求する単純疑問文と、「何ですか?」「どこですか?」のように相手に情報を要求する「疑問詞による疑問文」の二種類がある。

また、本当は疑問ではないのに、自分が言いたいことを強調するため、わざと疑問文の形で述べて相手にも考えてもらう「反語」(「修辞疑問」とも呼ぶ)というレトリックもある。

本課では、単純疑問を中心に解説する。

【解説】

I

日本語でも「そうなのか?」(疑問・反語)と「そうなのか!」(感嘆)では意味が全然違う。しかし西洋式の感嘆符「!」や疑問符「?」が日本語に導入される前の、昔の日本語では「そうなのか」と書くしかなかった。

漢文も同様で、「～か」にあたる漢文が、疑問か反語か、感嘆かは、前後の文脈を見て判断する必要がある。なお現代中国では、過去の漢文の原文にさかのぼって「?」や「!」をつける。

単純疑問は、次の二種類がある。

① 語句の末尾に疑問の語気助詞を付加する。

単純疑問　～乎、～虖

半信半疑　～与(與)、～歟、～耶、～邪、～也

② 語句の末尾に否定詞を付加する。

～不、～否、～未、～無、…

日本語の「～か?」は、漢語では「～コ」とか「～ヤ」「～ヨ」という発音になる。日本語にはカナ文字があるが、漢文は漢字しかないため、疑問の気持ちを表す語気助詞「コ」「ヤ」「ヨ」の発音を、それぞれ適当な漢字を選んで当て字として使用する。

「コ(乎、虖)」は「…か?」という単純疑問、「ヤ(耶、邪、也)」「ヨ(与、歟)」は「本当は…なのかなあ?」という半信半疑の気持ちを示す。

例えば「知ってる?」という意味の疑問文は、漢文では次のように書く。

a　知乎　知るか。単純に「知ってるか」。

b　知耶　知るか。「本当に知ってるのか」。
c　知否　知るや否や。「知ってるのかどうか」。
右のどれも、よく出てくる。

乎は意味の広い助字で、「～か?」という疑問の他、「於」と同様に場所を示す前置詞（後で説明）になったり、「断乎」「確乎」のように状態を表す語の接尾語にもなるので、要注意である。

「虖」は、意味も発音も「乎」と同様だが、筆画が少ない「乎」より字面《じづら》が重々しく古めかしいので、荘重な感じを出す時に使う。

半信半疑の疑問は「ヨ」「ヤ」だが、それぞれの当て字ごとに、微妙な違いがある。

「与（繁体字は與）」は、「アタふ」（あたえる）が本義なので、意味が混同されやすい。そこで右横に「欠」を付けて「歟」と書き、疑問であることを明確に示すことが多い。

「耶」「邪」「也」は、いずれも「ヤ」という疑問の発音の当て字である。「邪」の字音は「ジャ」と「ヤ」の二つあり、ジャと読むと「よこしま」「邪悪」の意、「ヤ」と読むと「～か?」の意になる。「也」は、本来は「～なり」（～である）という断定の意味だが、前後の文脈によってはまれに「耶」と同様に疑問を表す場合もある。

漢文には、否定詞を付加する疑問文も多い。日本語でも「知ってる?　知らない?」のように肯定の直後に否定を続けると、単純疑問になる。漢文も同じである。

例えば、唐の王維の漢詩「雑詩」の最後の句、

寒梅著花未

は「寒梅著花未著花」（寒梅、著花?　未著花?）と同じ意味で、書き下し文は「寒梅、花を著《つ》けしや、未《いま》だしや」となる。意味は「まだ寒い時分にいち早く咲く梅は、花をつけた?　まだつけてない?」＝「寒梅は、もう咲きましたか」という単純疑問である。

唐の詩人、朱慶余の漢詩の名句、

画眉深浅入時無

は、「眉を描く深浅、時に入《い》るや無きや」と訓読する。意味は「私のお化粧の、眉の描きかたの色の深浅は、今時の流行に合ってますか?」である。これも「画眉深浅、入時?　無入時?」と同じで、「時に入る」「時に入る無し」という繰り返し型の疑問文である。

II

例文㈠「雲耶山耶呉耶越」は、江戸時代の漢詩人・頼山陽が、海の光景を詠んだ詩句。はるか遠くの水平線、海の青と空の青が入り交じるあたりに、細い髪の毛のようにかすかに見えるものがある。それは雲か山か、それとも、はるか中国の呉や越の地方の陸地だろうか、という意味である。半信半疑の「〜か？」なので「耶」を使っている。なお、本来ならば「雲耶山耶呉耶越耶」だが、漢詩の形式である一行七字に収めるため、最後の「越耶」の「耶」だけ省略してある。

例文㈡「不亦説乎」は、『論語』の最初に出てくる孔子の言葉「学びて時に之を習ふ、亦た説《よろこ》ばしからずや」の一部。意味は「これまた、喜ばしいことじゃないかね（＝とても喜ばしいことだ）」という修辞疑問（反語）。「説」は本来は「説く」という意味だが、ここでは「悦」（喜悦する）の意。「不亦〜乎」は、「〜じゃないかね？」と相手の同意を促す修辞疑問の決まり文句である。

例文㈢「一家遺事人知否」は西郷隆盛が詠んだ漢詩の一部で「わが一家の家訓を、人は知っているだろうか」の意。幕末、貧しい生活を送っていた志士たちは、明治維新のあと、新政府の高官となった。東京に豪邸を構え、子孫のために財産を残そうとする者もいた。西郷はそんな風潮に反発し、「わが家の家訓では、子孫のために、あえて美田《びでん》（財産の象徴）を買わない。財産を残すと、子孫がそれに甘えて努力を怠り、堕落してしまうから」という内容の漢詩を詠んだ。

III

単純疑問に対する返答は、特に決まった形式はない。英語のイエスにあたる漢語は「然」（然《しか》り）、ノーにあたる漢語は「否」だが、この他にも臨機応変に答えることができる。例えば、『孝経』開宗明義に、

汝知之乎

という疑問文が出てくる。訓読は「汝、之を知るか」、意味は「おまえは、知っているか？」である。答えがイエスなら、「然」（然り）あるいは「知之」（之を知れり）と答える。ノーなら「否」あるいは「不知」（知らず）などと答えてもよい。特に決まった形式はない。

疑問文は、話し手が回答を知らない純粋疑問と、話し手は答えを知っているのに強調するためわざと疑問の形で述べる修辞疑問（反語とも言う）の、二種類がある。純粋疑問か、修辞疑問かは、文の字面を見るだけでは判断がつかない。日本語でも、例えば、

「君は、本当にこれでいいと思ってるのかね？」

という疑問文は、純粋疑問か、それとも「君、そんなことじゃだめだ！」という気持ちを相手に強く伝えるための修辞疑問なのか、どちらなのかは、前後の文脈をもとに、話し手の気持ちを想像する必要がある。

一般の疑問文は、常に純粋疑問か修辞疑問か、判断に迷う。逆に、数は少ないが、反語専用の決まり文句もあり、この場合は最初から反語だとわかる。

例文(二)「不亦説乎」の「不亦〜乎」の他にも、例えば**「豈〜乎」**（「豈〜」「豈〜哉」「豈〜也」も同様）なども反語の定型句になる（まれに、不信感をこめた強い疑問をも意味する）。例えば、

非天乎

は「天に非ざるか」（天命ではないのか）という疑問文で、純粋疑問か修辞疑問か判断がつかないが、「豈」を付加して、

豈非天乎

とすると「豈《あ》に天に非ざるか」（天命でないわけがあろうか。天命だ）という修辞疑問になる。

テキストクリティックの必要性

古典の本は、原典が失われ、後世の写本しか伝わっていない場合が多い。しかも伝本どうしで字句が微妙に違っていたりする。原典を復元するため、後世の伝本どうしを比較検討し、誤字脱字を検討する学術的作業を、テキストクリティック（本文批判）という。

『論語』の「不亦説乎」も、後世の伝本の中には「不亦悦乎」に作る本もあるが、古い本は「不亦説乎」に作るものが多いため、「不亦説乎」のほうが古い形だと考えられる。

【練習問題】 次の漢文を書き下し文に直し、意味を解釈せよ。

豈虚言哉　（『老子』第二十二章）

【解答】

書き下し文は「豈に虚言ならんや」、意味は「まさか、中身のないうわべだけの言葉であろうか。いや、そんなはずはない（真実の言葉である）」という反語。

反語の「豈～」は、「～」が名詞句の場合、漢文訓読では通常「豈に～ならんや」（直訳は「まさか～であろうか」）、あるいは「豈に～なるか」（直訳は「まさか～であるか」）と読む。

第六課◆疑問詞

(一) 人生幾何

(二) 誰無父母

(三) 今安在

曹操の漢詩「短歌行」
人生、幾何ぞ。
ジンセイ、イクバクぞ。

『潜夫論』愛日
誰か父母無からん。
タレかフボナからん。

『史記』滑稽列伝
今、安くに在りや。
イマ、イヅくにアりや。

【ポイント】

疑問詞とは、「いつ」「どこ」「誰」「どれ」「何」「どのように」等を問うための専門の単語である。漢文の疑問詞の数は多いが、整理すると「何」系、「誰」系、「安」系の三つがある。中心は「何」系である。疑問詞は、動詞や前置詞の目的語になるときでも、原則としてそれらの動詞や前置詞の前に置かれることが多い。

【解説】

I

「何」は、漢文の疑問詞の基本である。単独の「何」の意味用法と、「何」を含む二字の疑問詞の両方を理解する必要がある。

① **「何」系…何・胡・奚・曷**

基本は「何」（カ）。古代において近音だった「胡」（コ）や「奚」（ケイ）、「曷」（カツ）という漢字も、「何」と同様の疑問詞として使う場合がある。

「何」の基本的な意味は「なに？」だが、転じて「なぜ？」「どこ？」「どれ？」「いつ？」等にも使う。例えば、

汝何好　（『説苑』建本）

は「汝、何《なに》をか好む」（おまえは何を好むのか）。主語は「汝」、動詞は「好」、目的語は「何」なので、「汝好何」という語順で書いても完全な間違いではないが、漢文では「汝何好」という語順のほうが自然である。

今何在　（『孔叢子』記問）

は「今、何《いづ》くに在りや」（今はどこにあるのか）。

何也　（『孟子』梁恵王上）

は「何《なん》ぞや」（どうしてなのか）。日本語の「なに」や英語のwhatと違い、漢文の「何」は、「なに」という意味を基本としつつも、様々な疑問詞として使われる。

また「何」の後ろに名詞を付けることもできる。

例えば「何人」は、訓読は「何人《なんぴと》ぞ」「何の人ぞ」「何《いづ》れの人ぞ」などいろいろあるが、意味は「どんな人か？」。「何時」は、訓読は「何《いづ》れの時」「何《なん》の時」で、意味は「いつ？」。「何日」は、訓読は「何れの日」「何の日」、意味は「いつの日？」。「何処」は、訓読は「何れの処」「何の処」、意味は「どこ？」。

「何」一文字だけで様々な意味をもつ。便利である反面、意味が広すぎて曖昧になりがちである。そこで「何」に別

の漢字を組み合わせて二字化し、以下のような疑問詞が作られた。

②「何如」系…何如・何若

訓読は「いかん」、意味は「どうですか？」。「如」（ニョ・ジョ）と近音の「若」（ニャク・ジャク）を使って「何若」と書いても意味は同じ。例えば、

爾何如　（『論語』先進）

は、「爾、何如《いかん》」（おまえはどうだ？）。

③「幾何」

訓読は「いくばく」、意味は「どれくらい？」。

例文㈠「人生幾何」は、三国志の英雄・曹操が詠んだ漢詩の一部。形式的には「人生の長さは、どれほどか？」という疑問文だが、意味的には「人生の長さなんて、どれほどもない」と人生の短さを強調する修辞疑問である。

ちなみに数学の「幾何学」は、図形の面積を計算して「幾何ぞ」と答えを求める問題が多いことから、幾何学と呼ばれるようになった。

④「如何」系…如何・若何・奈何

「如何」「若何」「奈何」は「いかんせん」と訓読し、意味は「どうする？」。「如」「若」「奈」は互いに近音。「～を、どうする？」と目的語を取る場合は、「**如～何**」のように、目的語を「如（＝若・奈）」と「何」の間にサンドイッチする。例えば、

如之何　（『論語』衛霊公）

は、訓読は「之を如何せん」、意味は「これを、どうしよう？」。

②「何如」は、状態を問うのに対し、④「如何」は対処法を問う、という使い分けに注意。

⑤「何以」系…何以・何為・何由

「何」一文字でも、「なぜ？」という理由を訊く疑問詞として使うことができるが、「なぜ？」の意を明確化するため、二字化して「何以」（何を以てか）、何為（何為《なんす》れぞ）、「何由」（何に由りてか）、「為何」（何の為にか）、等とも書く。例えば、

何為不去也　（『礼記《らいき》』檀弓《だんぐう》下）

は、訓読は「何為れぞ去らざるや」、意味は「なぜ、ここ

から去らないのか？」。

⑥「何不」系…**何不・盍**

「何不～」は、訓読は「何ぞ～ざる」、意味は「なぜ～しないのか？」。「何不」の字音「カフ」を一字化した「盍」（字音は旧仮名遣いでは「カフ」だったが、新仮名遣いでは「コウ」）も同じ。例えば、

盍各言爾志 （『論語』公冶長）

は、訓読は「盍《なん》ぞ各（おのおの）爾の志を言はざる」、意味は「どうして、おまえたちはそれぞれ、自分の思うところを言わないのか（ぜひ、言いなさい）」と、孔子が弟子たちに発言を求めた言葉である。

II

「何」系以外の疑問詞は、以下のとおりである。

①「**誰**」系…**誰・孰**

「誰」（スイ）と「孰」（ジュク・シュク）は近音の漢字で、意味は「だれ？」である。「孰」のほうは「どれ？」「どの？」の疑問詞としても使う。

例文(二)「誰無父母」は、「父も母もいない人間は、誰か。そんな人間はいない。誰でも、自分の親はいる」という修辞疑問である。また、

弟子孰為好学 （『論語』雍也）

は「弟子、孰《たれ》か学を好むと為す」と訓読し、意味は「（孔子に向かって）あなたのお弟子さんたちの中で、学問が大好きだと言えるのは、誰ですか？」。これを「弟子、孰《いづ》れか学を好むと為す」と訓読し、「どのお弟子さんですか？」と解釈しても、意味は大きくは変わらない。

②「**安**」系…**安・焉・烏・悪**

訓読では、

A「イヅクにか」（どこに？ の意）

と、

B「イヅクんぞ」（「どこにそんな話があるか？ あるはずがない」という反語の意。文脈によっては「どうにかして～（したい）」という願望を示す場合もある）

の二つの読み方がある。

反語の場合の訓読「イヅクんぞ」は、語源的には「イヅクにぞ」の「に」を、「ん」と撥音便《はつおんびん》化した定型句である。

「どこにそんな話がある？」→「どこにもない。ありえない話だ」という流れで、反語の意味になる。

　字音から見ると「安」（アン）と「焉」（エン）は近音。「烏」（ウ）と「悪」（オ。わるいの意の字音はアク。にくむ、とか、どこ、の意の字音はオ）も近音どうしである。

　例文㊂「今安在」は、「今はどこにいるのか？」の意の疑問文。文脈によっては「どこにもいないじゃないか！」という反語にもなる。

　「焉」は、「どこ？」という純粋疑問より、「どこにそんな話がある？　ありえない」という反語の意に使われるほうが多い。例えば、

未知生焉知死　（『論語』先進）

は、訓読は「未だ生を知らず、焉《いづく》んぞ死を知らんや」、意味は「（私たちは）まだ人生のこともよくわからないのに、死後の世界について、どうしてわかるだろうか。わかるはずがない」。

　「烏」と「悪」も、「どこ？」と場所を問う疑問文の場合は「イヅくにか」（烏クニカ、悪クニカ）と訓読するが、「どこにもありえない」という反語の意味の場合は「イヅクんぞ」（烏ンゾ、悪ンゾ）と読む。

　日本語でも使う「烏有」という漢語は、音読みは「ウユウ」だが、訓読すると「烏んぞ有らん」、意味は「どうして存在するだろうか。どこにも存在しない」という反語になり、つまり「無」と同義である。日本語で「烏有に帰《き》す」と言うと、火災で焼失してしまうことを意味する。

昭和と平成

日本の元号は、漢文の古典から採られたものも少なくない。

例えば、「昭和」の出典は、『書経《しょきょう》』の「百姓昭明、協和万邦」（百姓《ひゃくせい》昭明にして、万邦《ばんぽう》を協和す。百姓は人民の意）。「平成」の出典は、『書経』の「地平天成」（地平らかに天成る）、および『史記』の「内平外成」（内平らかに外成る）。

【練習問題】次の漢文は、李白の漢詩「山中問答」の冒頭の一句である。意味を解釈せよ。

問余何意棲碧山

【解説】

漢詩は、四言詩は「二字＋二字」、五言詩は「二字＋三字」、七言詩は「二字＋二字＋三字」に切るのが基本である（例外もある）。この句は、一行七字なので、

「問余」＋「何意」＋「棲碧山」

と切れる。「余」は、気取った一人称。「何意」は「何の意」（「どういう心?・」という意味）。「棲」は「棲む」という動詞。「碧」は、宝石のように鮮やかなミドリ色。訓読は、

余に問ふ、何の意ありてか（あるいは「何を意《おも》ひてか」）碧山《へきざん》に棲《す》む、と。

意味は、

（ある人が）私に訊ねる。「（あなたは）どういうおつもりで、（こんな田舎の）緑豊かな山の中に住んでるのか」と。

第七課◆感動詞と語気助詞

㈠ 嗚呼哀哉

㈡ 巧言令色鮮矣仁

㈢ 夫兵形象水

『礼記』檀弓上《だんぐう》
嗚呼、哀しきかな。
アア、カナしきかな。

『論語』学而《がくじ》
巧言令色、鮮なきかな仁。
コウゲンレイショク、スクなきかなジン。

『孫子』虚実
夫れ兵の形は水を象る。
ソれヘイのカタチはミズをカタドる。

【ポイント】

漢文は簡潔を尊ぶ。その反面、音読した時の語調を整え、書き手の気持を示すための語気助詞や感動詞など、一見、無意味な語気語も多用する。感動詞は、漢文の元の字面が違っても、日本語の訓読では「ああ」と読んでしまうことが多い。語気助詞は、具体的な意味を持たない漢字が多く、日本の漢文訓読では「**置き字**」として読まずに無視する場合もある。が、書き手の心の微妙な流れを把握する上で、語気語は重要な語である。

【解説】

I

感動詞も語気助詞も、古人が思わずもらした声やため息の発音を、漢字の当て字で写したものである。語気語は日本語では「ああ！」「おお！」「〜だなあ」「〜だよね」など、平仮名で書ける。漢文には漢字しかないため、これらの語も、それぞれ漢字を当てて書くしかなかった。

感動詞と語気助詞は、心の動きを字音で示す語、という意味では同じである。ただ、文法的には、感動詞は、それ一語だけでも独立した一文を作れる独立語であるのに対して、語気助詞は必ず他の語の後ろにつく補助語であるので、品詞としては区別する。

II

漢文の感動詞は豊富である。

「**嗚呼**」「**噫**」「**唉**」「**嗟**」「**嗟呼**」「**於戯**」「**噫吁戯**」「**噫吁**」は、どれも「ああ」と訓読する。

日本語の笑い声「ハハハ」は漢文では「呵呵」（カカ）、「フフフ」は漢文では「嘻」（キ）に当たる。

感動詞は、左側に「口へん」が付いた字を使う場合が多い。この場合の「口へん」は、口に関係する事物という意味ではなく、「この漢字は音を借りているだけで、漢字本来の字義とは無関係である」ことを示す。

例えば「嗚呼」の「嗚」は、カラスに口と書く。カラスのクチバシという意味ではなく、「烏」という漢字の発音を借りてるだけ、ということを示す。声をつまらせて、ウウッ、とむせび泣くことを漢語で「嗚咽《おえつ》」と言う。「嗚呼」の「嗚」も、「嗚咽」の「嗚」も、ウウッ、という声を模している。日本では、間違って「鳴呼」と書いてしまう人もいるので、要注意である。

「嗚呼」以下の「ああ」の多くは、喜怒哀楽のいずれにも使う。ただし、「嗟」「嗟呼」は、嗟嘆《さたん》すなわち悲しみや嘆きのため息の「ああ」として使うことが多い。そもそも漢語「嗟」の字音の語気は、現代日本語の「ちぇっ」とか「さあ」に近い。例えば、

嗟来食　(『礼記』檀弓下)

は、訓読すると「嗟《ああ》、来《きた》り食《くら》へ」となる。意味は「さあ、こっちに来て食え」。現代日本語でも、「嗟来《さらい》の食《しょく》」と言えば、無礼な態度で与えられる食べ物、という意味になる。

Ⅲ

語気助詞には、文頭に置くもの、文中に混ぜるもの、文末に置くもの、などがある。

「夫」(夫れ)、「凡」(凡《およ》そ)や、「惟」(惟《こ》れ)などの文頭の語気語は、もったいぶって文章を始めたい時に使う。

例文㈢「夫兵形象水」は、いわゆる孫子の兵法の一部である。意味は「そもそも、兵の陣形は、水のような形、つまり、状況にあわせて自由自在に変化するのが理想である」。最初の「夫」は「おっと」を意味する漢字だが、ここでは、論議を開始するに当たって「そもそも…」と口を開く語気を示す。意味的には「兵形象水」と同じだが、最初に「夫」をつけると、「ここから、新しい議論を始めるぞ。注意して読んでくれ」という書き手の気持ちを、語気語として読者に伝えることができる。

Ⅳ

文中に混ぜる語気語は、文中専用の語気語と、文頭・文末に使う語を臨時に挿入する場合の、二つがある。

「**兮**」(字音はケイ)は、韻文専用の語気助詞で、語句と語句の間に挿入し、リズムを整えるのに使う。中国人が中国語で漢文を読むときは「兮」も発音するが、日本人の訓読では「兮」は「置き字」として扱い、読まない。例えば、紀元前三世紀の英雄・項羽が、「四面楚歌」の状況の中で、虞美人と唱った漢詩の一部、

力抜山兮気蓋世　(『史記』項羽本紀)

は、訓読は「力、山を抜き、気、世を蓋《おほ》ふ」、意味は「私(項羽)の気力は、山をも引っこ抜き、世界をおおいつくすほどである」。意味的には「力抜山、気蓋世」と同じだが、項羽は、漢詩として一行七字のなめらかなリズムに整えるため、語気助詞「兮」を挿入して「力抜山兮気蓋世」

と詠んだのである。

　このほか、本来は文末に使う語気助詞を、倒置法的に文中に挿入する場合も多い。

　例文㈡「巧言令色鮮矣仁」(巧言令色、鮮きかな仁)は、口ばっかり達者で、顔の表情もクールでそつがない人は、人を思いやる人情味が少ない、という意味である。「矣」(字音はイ)は、本来は文末の語気助詞で、訓読では「～かな」と読む。本来の語順は「鮮仁矣」(仁、鮮なきかな)だが、孔子はここで「少ないよなあ、仁の心が」と倒置法的な言い方で、文末の語気助詞を文中に挿入したのである。

V

　文末の語気語は豊富である。大きく分けると、「ア」系字音のおおらかな語気、「イ」系字音の屈折した語気、「～か?」という疑問の語気助詞の転用、の三つに分かれる。「也」(ヤ、なり)と「哉」(サイ、かな)は、「ア」系字音のおおらかな語気語である。

　例えば、

子龍一身都是胆也
(『三国志』蜀書《しょくしょ》・趙雲伝・注)

は、三国志の英雄・劉備が、趙雲(あざなは子龍)の戦いぶりを見て、「子龍の一身は都《すべ》て是れ胆なり」(趙雲の剛胆さは超人的だ。彼は、全身が胆なのか!)と驚嘆した言葉である。「也」は、客観的な断定「～である」の意も示すが、この一文は前後の文脈から見て、驚嘆の言葉である。

　例文㈠「嗚呼哀哉」の「哉」も、「サイ」という字音が示すとおり、おおらかなア系の語気を示す。「ああ、悲しいなあ!」と、大きな声で叫ぶ感じである。

　文末の語気助詞「焉」は、エンという字音で、ア系に次ぐおおらかな語感の語気助詞で、訓読では「なり」と読むか、あるいは置き字と見なして読まない。「焉」は意味用法が多岐にわたるので、要注意である。反語の疑問詞「焉」(イヅクんぞ)、「コレより」「ココに」などの指示語(例えば「終焉」は「ココに終わる」の意)、形容詞の接尾語(「忽焉」の焉)など、意味は広い(百七十三頁参照)。

　ア系字音の語気語が単純な「!」とおおらかな感嘆を示すのに対して、イ系字音の語気語、例えば「矣」(イ、かな)は「……(!)」という感じの、やや屈折した感嘆を示す。例えば「命哉」も「命矣」も、訓読すると同じ「命なるかな」になってしまうが、字音の語感に即して訳し分けると、「命哉」は「運命だなあ！」、「命矣」は「運命だ……！」という感じになる。

同じイ系でも、「已」（イ、のみ）や、「耳」（ジ、のみ）は、文末につけて「～だけだ！」「～に他ならない！」とスッパリ言い切る語感を示す。

「已」を引き延ばして「已矣」（イイ）と書いても、耳（ジ）と近音の爾（ジ）、而已（ジイ）、而已矣（ジイイ）と書いても、「のみ」と訓読し、意味は同じである。例えば、

夫子之道忠恕而已矣（『論語』理仁）

は、訓読は「夫子《ふうし》の道は忠恕のみ」、意味は「先生（孔子を指す）の道は、まごころと優しさ。それに尽きる」。

Ⅵ

この他、「乎」「邪」「耶」「与」など、疑問詞の語気助詞「～か？」を転用し、「～か！」という感嘆を示す用法もある。

三豕渡河

「三豕渡河《さんしとか》」という、漢字の誤読についての四字成語がある。本当は「己亥渡河《きがい》」つまり「己亥（の年）に河を渡る」という漢文なのに、「己亥」のくずし字が「三豕」と似ているため「三匹のブタが河を渡る」と誤読されてしまった、という故事に基づく。

まだ印刷術もコピー機もなかった昔は、本は、人間が筆写するしかなかった。そのため、しばしば「三豕渡河」のような誤字や転写ミスが発生した。原典が失われ、誤字を含む後世の伝本しか残っていない場合は（大半の漢文古典はこの状況）、学者によるテキストクリティックが必要となる。

【練習問題】次は、唐の詩人・李白の漢詩「蜀道難《しょくどうなん》」の最初の一行である。感動詞と語気助詞に注意して、意味を解釈せよ。

噫吁戯危乎高哉

【解答】

冒頭の「噫吁戯」は「ああ」という感動詞。

「危乎」は、本来は「危ふきか?」という疑問の語句だが、疑問「~か?」を驚嘆「~か!」に転用する用法により、「危うきかな!」という感嘆と解釈する。

「危」という漢字は、崖の形「厂」の上と下に人間がうずくまる様を描いた漢字で、高くそそり立つ断崖絶壁が「脆《もろ》く」崩れそうで、危険な様を示す。

「高哉」の「哉」は、ア系字音のおおらかな語気語で、「かな」と訓読する。

この一句の訓読は「噫《あ》吁《あ》戯、危きかな高きかな」。意味は「ああ、危ないなあ、高いなあ」。

李白の「蜀道難」は、蜀(現在の四川省)の桟道《さんどう》の険しさを詠んだ漢詩。桟道とは、断崖絶壁の横に、木の板を並べて棚のように張り出して作った道のこと。

第八課◆前置詞

(一) 病従口入 禍従口出

(二) 以卵投石

(三) 因小失大

傅玄《ふげん》『口銘』
病は口より入る。禍は口より出づ。
ヤマイはクチよりイる。ワザワイはクチよりイず。

『荀子《じゅんし》』議兵
卵を以て石に投ず。
タマゴをモッてイシにトウず。

黄小配『廿載《ねんさい》繁華夢』
小に因りて大を失ふ。
ショウにヨりてダイをウシナう。

【ポイント】

名詞句と動詞句の関係を示すために、名詞句につける語を「接置詞」という。接置詞には、名詞句の前につける「前置詞」と、後につける「後置詞」（助詞の一種）がある。

日本語は格助詞「〜から（開始点）」「〜まで（到達点）」「〜に（与格）」など後置詞ばかりだが、漢文は逆に前置詞が多い。また漢文の前置詞の大半は動詞由来である。

【解説】

I

例文㈠「病従口入、禍従口出」は「病気は口から入るが、舌禍《ぜっか》は口から出て行く」。口をすべらせて人間関係のトラブルを引き起こすな、という警句。「従」は、本来「(人の後ろに別の人が)従う」という動詞。そこから転じて「後に続く」「縦に続く」「〜から（続いて起こる）」等の意味が生じ、「〜から」という前置詞にも転用される。

以下、主な前置詞を掲げる（最後の「之」のみ後置詞（或は助詞）である）。「従」と同様の動詞由来の前置詞には「*」をつけた。

開始点（〜から）	**自 *従 *由** （以）
到達点（〜まで）	***到 *至**
方向（〜へ）	***向**
静止点（〜にて）	***於 *于 乎**
諸（＝之於）	
経由（〜を経て）	***経 *由 *循 *歴**
対象（〜を）	***以 *将**
原因（〜のために）	**為 因 *以 *由**
与格（〜に対して）	***対 *与**
後置詞（〜の）	**之**

II

漢文で「AからBまで」（AとBには、場所や日時などを示す名詞句が入る）と書く時は、「自A至B」（AよりBに至る）、「従A到B」（AよりBに到る）等と書く。「到」も「至」も、本来は単独の動詞としても使える語である。日本語の漢文訓読では動詞として読む。訓読の書き下しでは、日本語の助詞・助動詞は漢字を開いて仮名で書くという習慣がある。「自A至B」は「A自りBに至る」ではなく、「AよりBに至る」と書く。

範囲境界を示す「以」は特殊な前置詞で、「以前」「以後」「以上」「以下」「以北」「以南」のように、特定の語とだけ結びつき、熟語を作る。例えば上下左右のうち、「以上」「以下」は熟語として存在するが、「以左」「以右」とは言わない。

方向の前置詞「向」は、本来は「向《むか》ふ」という動詞だが、文脈によっては意味が軽くなり「〜へ」「〜に」と方向を示す前置詞になる。例えば、

洒向枝上花　（王安石「明妃曲」）

という詩句は、悲劇の美女・王昭君が流した涙が枝の上の花に降り注いだ、という意味で、訓読は「枝の上の花に洒《そそ》ぐ」となる（「向」は置き字として読まない）。もし「向」を動詞と見なして「洒ぎて枝の上の花に向かふ」と訓読すると、涙の移動距離はたかだか数十センチメートルにすぎないのに、大げさな感じがする。

「由」は「由る」という動詞だが、「〜から」の意味の前置詞としても使う。

II

静止点を示す「於」は、日本語の文でもよく見かける。これも本来は動詞である。

人之過也各於其党　（『論語』里仁）

は、訓読は「人の過《あやま》つや、各《おの》おの其《そ》の党《たぐい》に於《お》いてす」、意味は「人間が犯すあやまちは、それぞれの人物のタイプによる」（人情味のある人は人情ゆえ判断を誤り、酷薄な人は冷たさゆえ人間関係で失敗する）。動詞「於」は「その場所でぴたりと止まる」という意味。そこから転じて「〜で（地点・時点）」という静止位置を示す前置詞になった。また文脈によっては、「自・従・由」同様「〜より」の意味や、「与・対」と同様「〜に（対して）」という意味で使われることもある。

「於《お》」と近音の「于《う》」（于《お》いて）も、「於」と同様の前置詞としても使う。

「乎」は、文末に来ると疑問・感嘆の語気助詞、文中に来ると「於」と同義の前置詞になることが多い。前置詞の場合、訓読では置き字として読まない。例えば、「在乎己」「不在乎人」（『韓非子』）は「己《おのれ》に在り」（自分のせいだ）、「人に在らず」（他人のせいではない）。もし原文の語順が

「在己乎」なら、「己に在るか」という疑問ないし感嘆になる。

諸（ショ）は「之於」（シ・オ）の二字を一字に短縮した前置詞。例えば、

子張書諸紳　（『論語』衛霊公）

は、「子張書之於紳」（子張、之《これ》を紳に書す）の短縮形で、訓読は「子張、諸《これ》を紳に書す」、意味は「子張（孔子の弟子の名）は、これ（自分が聞いたばかりの孔子の言葉）を礼服の帯にメモした」。

経由点を示す「経」（～を経て）、「由」（～に由りて）も、本来は動詞である。

Ⅲ

動詞の目的や対象を示す「以」「将」は、本来は「用いる」という意の動詞である（動詞「用」も「用《もっ》て」と前置詞になることがある）。

例文㈡「以卵投石」は「卵を石に向かって投げる」の意（卵は割れ、石にダメージはない。焼け石に水、というたとえ）。他の前置詞を使って、

将卵投石　卵を将《もっ》て石に投ず

投卵於石　卵を石に投ず

と書いても意味は同様。「以（将）＋直接目的語＋動詞＋間接目的語」とするか、「動詞＋直接目的語＋（於・于・乎）＋間接目的語」とするかは、強調の焦点や、文章のリズムなどで選ばれる。

Ⅳ

原因や理由を示す前置詞も種類が多い。

「為」は、「為《な》す」「為《つく》る」「～為《た》り」という動詞と、「為《ため》に」という前置詞の二つの意味がある（百六十七頁参照）。中国語では、同じ「為」の字でも、「為す」と「為に」では平仄（古代中国語のアクセント）が変わる。動詞「為」を転用して前置詞「為」ができたわけではなく、「なす」と「ため」という赤の他人の二つの単語が偶然同一の漢字に「同居」した、と考えたほうがよい。

例えば「為人」の「為」は、「人と為《な》り」（日本語「人となり」＝「人がら」の語源）という動詞なのか、「人の為《ため》に」という前置詞なのか、「為人」の二字だけからは判断不能で、前後の文脈を見る必要がある。

例文㈢「因小失大」は、小さな目先の利益に目がくらん

で、遠大な利益を失う、という意味の熟語。「為小失大」（小の為に大を失ふ）、「以小失大」（小を以て…）、「由小失大」（小に由り…）と書いても意味は同じ。

「A（間接目的語）にB（直接目的語）をC（動詞）する」と言う時の、「〜に」にあたる与格の前置詞には「対」と「与」がある。「対」は、「相手と正面から向き合う」という意の動詞「対す」の転用。例えば、

対牛弾琴（牟融「理惑論」）

は、訓読「牛に対して琴《きん》を弾《だん》ず」、意味は「牛に、優雅な琴の曲を弾いてやる」。頭の悪い人間に、深い内容の言葉を語り聞かせてやっても、相手は意味がわからないので無駄だ、というたとえ。

「与」は、例えば「相手にとって迷惑な、できない相談事」という意味の故事成語、

与狐謀皮（『太平御覧』巻二〇八）

に出てくる。訓読は「狐と皮を謀《もと》む」。この場合の「と」は「（狐）と一緒に…」の意ではなく、直訳は「狐に毛皮を求める」。昔、ある愚人が「狐さん。あなたの毛皮はすてきですね。コートを作りたいので、私にください」と頼んだ。狐は殺されるのを恐れて、逃げ出した。現代中国語では、近音の「与虎謀皮」と言う。

後置詞「之」は、「A之B」（AのB）のように語句どうしをつなぐ。漢文では、例えば「天道」も「天之道」も、同じく「天の道」と訓読できる。「之」を書いたほうが意味が明確になる場合でも、音読のリズム上、「之」を省略して簡潔化することも多い。

なお、昔の日本語では、格助詞「の」に漢字「乃」をあてて「A乃B」と書くこともあった（平仮名「の」は「乃」の草書体、片仮名「ノ」は「乃」の一部）。これは純然たる日本語で、漢文の「乃」に、後置詞「之」の意味用法はない（百五十九頁参照）。

【練習問題】左は、いわゆる「魏志倭人伝」（正確には正史『三国志』魏書・烏《う》丸《がん》鮮《せん》卑《び》東夷伝・倭人条）の一部である。前置詞に注意しつつ、意味を解読せよ。土地の名前を表す単語には傍線を振ってある。

従郡至倭循海岸水行歴韓国乍南乍東到其北岸狗邪韓国七千余里

【解説】

本文に出てくる前置詞、および前置詞的な動詞に傍線をつけ、右の文に句読をつけると、次のようになる。

従郡至倭、循海岸水行、歴韓国、乍南乍東、到其北岸狗邪韓国、七千余里。

「従～」は開始点、「至～」「到～」は到達点、「循～」「歴～」は経由点を示す。

「乍」は、日本語では「～し乍《なが》ら」と読むが、漢文では「乍《たちま》ち」という副詞。「乍A」なら、「急にAする」の意。「乍A乍B」は、「乍《たちま》ちAし乍ちBす」（Aをしたと思えば、また急にBをする）という意味や、「乍《ある》ひはAし乍ひはBす」（Aをしたり Bをする）という意味になる。

（書き下し文）郡より倭《わ》に至るには、海岸に循《したが》ひて水行し、韓国を歴《へ》て、乍ひは南し乍ひは東し、其の北岸の狗《く》邪《や》韓《かん》国《こく》に到る。七千余里なり。

（訳）郡（朝鮮半島にあった、中国人の拠点）から倭（日本の旧名）まで行くには、（朝鮮半島の）海岸にしたがって船で行き、韓国（朝鮮南部を指す）を経て、東に行ったり南に行ったりしながら、その北岸にある狗邪韓国まで行く。そこまでの距離は、七千里余りである（古代中国の一里は、日本の一里の数分の一）。

第九課◆接続詞

(一) 名与身孰親

(二) 先即制人

(三) 況生者乎

『老子』第四十四章
名と身とは、孰れか親き。
ナとミとは、イズれかチカき。

『史記』項羽《こうう》本紀
先んずれば即ち人を制す。
サキんずればスナワちヒトをセイす。

『十八史略』
況んや生ける者をや。
イワんやイけるモノをや。

【ポイント】

接続詞とは、語句と語句、節と節、文と文など、言葉どうしを結びつけ、それぞれの関係を説明する品詞である。

漢文の接続詞は豊富である。単語と単語を結ぶ軽い接続詞（日本語の「接続助詞」にあたる）から、文と文を結ぶ重々しい接続詞まで、さまざまなタイプがある。また動詞や名詞、副詞など他の品詞からの転用である接続詞も多い。

【解説】

I まず、主要な接続詞の一覧を示す。下段の「語」「節」「文」は、それぞれ「語句と語句の接続」「節と節の接続」「独立した文と文の接続」においてどの程度使われるか、使用頻度をおおざっぱに示したものである。「読み」のカタカナの部分は、旧仮名遣いによる送リガナ。

用法	単語	読み	意味	語	節	文
並列	与	と	～と…	○	△	×
	並	ならびニ	～と…	○	△	×
	及	およビ	～と…	○	△	×

用法	単語	読み	意味	語	節	文
選択	或	あるヒハ	～または～	○	○	△
	若	もシクハ	～または～	○	○	△
累加	而	しかモ	そのうえまた	○	○	○
	且	かツ	そのうえまた	○	○	△
順接	而	しかシテ	そして	△	○	○
	然後	しかルのち	そのあと	△	○	○
	即	すなはチ	そのまますぐ	○	○	○
	乃	すなはチ	その後やっと	○	○	○
	便	すなはチ	その後すんなり	○	○	○
	故	ゆゑニ	だから	○	○	○
	是故	このゆゑニ	こういう訳で	×	△	○
	是以	ここヲもっテ	こういう訳で	×	△	○
逆接	而	しかモ	しかし	○	○	○
	然	しかルニ	そうではあるが	×	△	○
	然而	しかリしこうシテ	そうではあるが	×	○	○
説明	即	すなはチ	つまり～に他ならぬ	○	○	△
	則	すなはチ	つまり～ということ	○	○	△
	乃	すなはチ	結局のところ	○	○	△

右以外にも接続詞は多いが、紙数の都合で省略する。

例えば、仮定を示す接続詞も多い。「若」（もシ）、「如」（もシ）、「若夫」（もシそレ）、「縦」（たとヒ）、「雖」（いへどモ）、「苟」（いやシクモ）、「然則」（しかラバすなはチ）、その他。仮定の表現については、第十八課で解説する。

また「～でさえ～なのだ。ましてや～については言うまでもない」という「抑揚の表現」の接続詞「況」（いはんヤ）など、こみいった特殊な接続詞も、右の表では省いてある。

例文㈢「況生者乎」は、「先従隗始」（先づ隗より始めよ）という故事成語の出典の一部。「死馬且買之、況生者乎」（死馬《しば》すら且《か》つ之を買ふ、～）。

昔、名馬を買おうとした人がいた。彼はまず、大金をはたいて死んだ馬の骨を買った。たちまち世間で噂になった。「あの人は、死んだ馬の骨ですら買った。まして生きている馬については、言うまでもない。きっと高値で買い取ってくれる」。噂の宣伝効果で、名馬を売り込む者が次々と現れた。その人は、天下で最高の名馬を入手できた。

Ⅱ

例文㈠「名与身孰親」は「（世間的な）名（声）と、（命の源である健康な）身体と、どちらが（自分という人間にとって）身近で大切か」という意味。「孰《いづ》レゾ」は「どちら？」の意の疑問詞。「与」は、日本語の接続助詞「と」に当たる並列の疑問詞。

「与」の旧字体「與」は、左右から手をあわせて真ん中の物を持ち上げる様を表した漢字。手から手へ「与ふ」（授与する）、手を貸して「与る」（関与する、参与する）、手から手「に」渡す（与格の助詞）、手「と」手（接続詞）、等々、様々な意味を「与」という漢字はもつ。

「A与B」（AとB）、「A並B」（A並びにB）、「A及B」（A及びB）は、いずれも並列の接続詞で、語句や節どうしの接続に用いられる。

これに対して「A或B」（A或ひはB）、「A若B」（A若《も》しくはB）は、AかBのどちらか、という選択の接続詞である。

Ⅲ

「而」は、漢音「ジ」、呉音「ニ」という字音をもつ。

「汝」「爾」「若」など二人称「なんぢ」（おまえ）と近音であるため、「而」も古来「なんぢ」という代名詞や、そこから転じて「（おまえの近くの）その」という指示詞になった。「その」という指示詞から更に転じて接続詞にもなる。漢文に出てくる「而」は、八割がた接続詞である。ただし、接続詞としての意味用法は広いため、前後の文脈をよく見て、「而《しか》も」（そのうえ。累加）、「而《しか》して（而《しこう》して）」（そのあと。そして。順接）、「而《しか》も」（そうではあるが、しかし。逆接）のどれなのか、見極める必要がある（百六十四頁参照）。例えば、『論語』の最初に載っている孔子の言葉、

学而時習之（『論語』学而）

は、「A而B」という構造だが、ここのAは「学ぶ」という動詞、Bは「時に之を習ふ」（時が来たら、これ＝学んだことを実習する）という動詞句である。「学習」という熟語があるように、「学」と「習」はつながりの深い動詞だ。それゆえ、この「而」は、順接の接続詞であると解釈するのが自然だ。訓読は「学んで而して時に之を習ふ」となる。この場合の「而」は日本語の接続助詞「て」くらいの軽い言葉であるので、漢文訓読では置き字と見なして無視し、「学んで時に之を習ふ」と読むことが多い。ただし、江戸時代の儒者の中には「孔子さまの言葉に、無駄なものは一つもない。一字たりとも読み飛ばしてはならない」という極端な思想をもつ学派もあり、そうした学派は「学んで而して時に之を習ふ」と全部読んだ。漢文訓読は、純粋に日本語の問題であり、個人の思想や趣味に左右されることも多い。

「学而時習之」の「而」を、累加の接続詞と解釈して「学び、そのうえさらに、実習までする」と訳したり、逆接の接続詞に解釈し「（ふだんは机に向かって）学ぶ。しかし、時にはこれを（教室の外で）実習する」と訳すのも、百パーセントの間違いとは言えない。

同じ「而」に、順接や逆接などさまざまな意味用法があるのは、一見すると妙である。しかし日本語でも、例えば接続助詞「が」には「眠いが、寝ない」のような逆接と、「話は変わりますが、〜」のような単純接続が同居している。日本人は、接続助詞の意味用法が広くて曖昧でも、別段、不便を感じない。「与」や「而」の意味用法の感覚も、これと似ている。

Ⅳ

漢文訓読で「すなはチ（新カナでは「すなわち」）と訓ずる漢字は「即」「乃」「便」「則」「輒」「載」「而」等があるが、それぞれニュアンスが違う。

「即」は、「即座」「即時」の即で、本来は「即す」（間髪いれず、ぴったりとくっつく）という動詞。そこから転じて、時間的に「そのまますぐ」という意味の順接の接続詞になる。また「つまり～に他ならぬ」という説明の接続詞（説明の副詞と見る説もある）にもなる。

例文(二)「先即制人」は、いわゆる「先んずれば人を制す」ということわざの出典。「即」を時間的な順接と取れば、訳は「こちらが先手を打てば、そのまますぐ、相手を圧倒できる」。論理的な説明の接続詞と取れば、訳は「先手を打つこと。これはつまり、相手を圧倒することに他ならない」。前者の訳が自然だが、後者も完全な間違いではない。漢文の接続詞は、順接と説明に微妙にまたがるものが多い。

同じ「すなわち」でも、「乃」は、紆余曲折の末に「その後しばらくしてから、やっと」あるいは「結局のところ」の意になる。

「則」は、漢文業界では通称「レバ則《そく》」と呼ぶ。「…れば則ち～（…なら、つまり～ということになる）」と読むことが多いからである。「…なら」という条件節と、「～ということになる」という結論部分を結びつける説明の接続詞である。

この他、漢文の接続詞は多種多様だが、まずは右にあげた基本的な接続詞から、把握しておく必要がある。

形而上学《けいじじょうがく》

この語は明治時代に、哲学者の井上哲次郎が、metaphysicsを訳したものである。漢文の古典『易《えき》経《きょう》』の「形而上者謂之道」（形よりして上なる者、之を道と謂ふ。「而」は置き字）をふまえた、含蓄に富む名訳である。

明治時代の「新漢語」は、漢文古典を参考にした巧みな訳語が多い。福沢諭吉、西周、中江兆民など、近代西洋の概念を訳した当時の知識人は、漢文の素養に富んでいた。彼らが考案した新漢語は、中国や朝鮮半島にも広まり、東洋人の共有財産となっている。例えば中江兆民の考案した訳語に「象徴」がある。

【練習問題】 次の漢文は、唐の玄奘三蔵《げんじょうさんぞう》が訳した漢訳仏典『般若心経《はんにゃしんぎょう》』の一節である。書き下し文に直して、解釈せよ。

色不異空空不異色色即是空空即是色

【解説】

日本の習慣では、漢訳仏典は訓読せず、日本漢字音でそのまま音読する。問題文の部分は「しきふいくう、くうふいしき、しきそくぜくう、くうそくぜしき」と読む。『般若心経』は、怪談「耳無し芳一」にも出てくる有名な「お経」である。中身は、魔除けの呪文ではなく、存在の本質についての哲学を述べた漢文である。

「色不異空空不異色色即是空空即是色」という字面をじっと眺めていると、同じ字の繰り返しが四字おきに出てくることがわかる。そこで、この十六字を四つの四字句に分割すると、次のような綺麗な対句になることがわかる。

a **色不異空**
b **空不異色**

c **色即是空**
d **空即是色**

仏典の「色」「空」は、仏教用語である。訓読は「色《しき》は空《くう》に異《こと》ならず、空は色に異ならず。色は即ち是れ空なり、空は即ち是れ色なり」。訳は「色は空と同じである。空は色と同じである。色とは、つまり空に他ならない。空とはつまり色に他ならない」。

なお、仏典の「色」は「(目に見える)物質的な現象」、「空」は「(一定の形にしばられず)実体がない」という意味である。

第十課◆形容詞

(一) 不多也

(二) 天蒼蒼野茫茫

(三) 天下莫柔弱於水

『論語』子罕《しかん》

多からざるなり。

オオからざるなり。

斛律金《こくりつきん》「敕勒歌《ちょくろくのうた》」

天は蒼蒼たり、野は茫茫たり。

テンはソウソウたり、ノはボウボウたり。

『老子』第七十八章

天下に水より柔弱なるは莫し。

テンカにミズよりもジュウジャクなるはナシ。

【ポイント】

形容詞の打ち消しは「不」を使う。「青青」のような重ね型の畳字《じょうじ》形容詞は擬態語的になり、通常は肯定形のみで使う。「大小」「軽重」のように反意語の形容詞を重ねると、「大きさ」「重さ」など程度を意味する名詞になる。比較は、さまざまな言い方がある。

【解説】

Ⅰ

漢文の形容詞は、叙述用法と、限定用法がある。

山青

は、訓読は「山、青し」で、意味は「山は青い」という叙述用法。

青山

は、訓読は「青き山」で、意味は「(世の中に山はいろいろあるが、その中でも)青い山」という限定用法になる。

漢文の形容詞は、動詞と同様「用言」であり、繋詞を必要としない。打ち消しの否定詞は、動詞と同じく「不」である。

「山は青くない」は「山不青」(山、青からず)。

例文㈠「不多也」は、「多くない」の意。

英語の形容詞は、The mountain is blue.(山は青い)のように繋詞(英語ではbe動詞)を必要とする。

漢文の形容詞は、単独で述語になる。「山青」で充分で、「山是青」(山は是れ青なり)と繋詞を加える必要はない。

Ⅱ

正反対の形容詞を組み合わせることで、名詞を作ることができる。

長短→長さ　高低→高さ　大小→大きさ
軽重→重さ　深浅→深さ　等々

例えば「鼎《かなえ》の軽重を問う」という故事成語は、直訳すると「かなえの重さを質問した」。

ただし、全ての形容詞を機械的に組み合わせられるわけではなく、例外も多い。例えば、

多少

は「多さ」の意味にもなりうるが、一般的には「どれくらい?」と程度を問う疑問詞、また「(いったい、どれだけ、という疑問をかきたてられるほど)多くの」という形容詞になる(いずれの意味も、日本語の「多少」とは意味が違

う)。例えば、

花落知多少　(孟浩然《もうこうねん》「春暁」)

という漢詩の名句は、訓読は「花落つること知る多少」、意味は「どれくらいの花が散ってしまったか、わからない」、もしくは「どれくらいかわからないほど、多くの花が散ってしまった」。この詩句は散文ではないので、韻文らしい気取った雰囲気を出すため、伝統的な訓読では「花落つること知んぬ多少ぞ」(「〜知りぬ多少ぞ」の音便形)と読むこともある。この他、

遐邇

は「カジ」と読む。遐は「とほシ」(とおし。遠いい)、邇は「ちかシ」(近い)の意で、「遠近」の類義語だが、「遠さ」という意味ではない。

名聞遐邇　(『三国志』魏書・崔浩《さいこう》伝)

は、訓読は「名は遐邇に聞こゆ」、意味は「(その人の)名声は、遠い場所にも近くの場所にも知れ渡っていた」。

Ⅳ

形容詞の漢字を繰り返す「畳字形容詞」は、擬態語的なニュアンスをもつ。

例文(二)「天蒼蒼野茫茫」は、北方遊牧民族が住む草原の風景を詠んだ漢詩の名句。「空はあおあおと広がり、野はうつろではてしない」の意。

「蒼」の原義は、「倉の中にためこんだ青草」の色を指す名詞、および、アオいという形容詞。「青」が「清」や「晴」と同系の澄み切ったアオであるのに対し、「蒼」は顔面蒼白の青ざめた顔色のように、ややくすんだアオ色。

「茫」は、草原や海原のように、何もない(亡)空間がどこまでも広がり、果てが見えないさまを示す形容詞。もし、

天蒼野茫

と書けば、「天は蒼く、野は茫たり」という客観的記述になる。「天蒼蒼、野茫茫」と畳字形容詞化すると、擬態語的なニュアンスになり、生き生きとした感じや、「蒼さや広さがが心にしみる」という主観を示す。

まとめると、

単字形容詞	畳字形容詞
客観的	主観的
副詞をつけられる	副詞はつけられない
打ち消せる	打ち消せない
限定用法あり	限定用法はない

例えば、「天蒼」（天、蒼し）は、程度副詞「甚」（はなはダ）をつけて、

天甚蒼

と書ける。訓読は「天、甚だ蒼し」、意味は「空はとても蒼い」。しかし漢文では「天甚蒼蒼」とはあまり書かない。なぜなら、すでに「蒼蒼」と畳字化すること自体に、副詞的ニュアンスが入っているからである。

否定の意味の副詞「不」も同様で、「天不蒼」（天、蒼からず）とは書けるが、「天不蒼蒼」とは書かない。畳字形容詞は、形容詞の生き生きとした感じを積極的に強調する場合に使う。打ち消すくらいならば、最初から畳字形容詞を使うまでもない。

単字形容詞「蒼」は、「天蒼」のような叙述用法と、「蒼天」（そうてん。蒼い天）のような限定用法の両方が可能だ。「蒼蒼」は、「天蒼蒼」とは書くが、「蒼蒼天」（蒼蒼たる天）とはあまり書かない（韻文のレトリックとしての倒置法を除く）。

なお、日本の漢文訓読の慣例では、畳字形容詞は、「字音＋タリ」というタリ活用の形容動詞として読むことが多い。

Ⅴ

次に、形容詞の比較について述べる。

英語の形容詞は、good-better-best のように、「原級・比較級・最上級」を覚える必要がある。

漢文の形容詞は、程度副詞「更」や「最」を前につけるだけでよい。例えば、「良い」という意味の形容詞「佳」（よシ。かナリ）なら、

更佳
最佳

で、それぞれ「更に佳《か》なり」（もっと良い）、「最も佳なり」（いちばん良い）という意味になる。

「A（名詞）よりもB（形容詞）である」という意味を言いたい場合は、

B於A

と書く。例えば、「これよりも良い」は、

佳於此　（訓読は「此れよりも佳なり」）

と書けばよい（「於」は置き字）。「於」の代わりに「于」「乎」を使って、「佳于此」「佳乎此」と書いても、訓読は「此よりも佳なり」で、意味も変わらない（中世以降の漢文では、俗語の影響で、「B似A」も「AよりもBなり」になった）。

無B於A

は、訓読は「AよりもBなるは無し」、意味は「AよりBであるものはない」。例えば、

天下青石無佳於此　（『太平御覧』州郡部十二）

は、訓読は「天下の青石《せいせき》、此れよりも佳なるは無し」。意味は「天下の青い石で、これよりも良いものはない」（これが天下で最高の、青い石だ）。「無」を「莫」（なシ）、「於此」を「焉」（これヨリ）に代えても、意味は同じである。

VI　形容詞とは少しはずれるが、比較の言い方を補足説明しておく。

「A（名詞）はB（名詞）に及ばない」は、動詞「如」「若」「及」などの打ち消しを使って、

A不如B　AはBに如《し》かず

A不若B　AはBに若《し》かず

A不及B　AはBに及ばず

のように書く。「未如」（未だ如かず）、「未若」（未だ若かず）、「未及」（未だ及ばず）のように、「不」を「未」に変えると、語感がソフトになる。また、Aの部分がなく、いきなり「不如～」「不若～」と書くと、「（なにごとも）～には及ばない」→「～するのに越したことはない」の意になる。例えば、

不如帰

は、訓読は「帰るに如かず」、意味は「（故郷に）帰るに越したことはない」→「帰るのがいちばんだ」。この「不如帰」は、ホトトギスという鳥の別名にもなっている。

【練習問題】次の漢文の意味を解釈せよ。

霜葉紅於二月花　（杜牧「山行」）

【解説】

杜牧の漢詩「山行」の名句である。七言詩はおおむね「二字、二字、三字」に切れるので、

霜葉　紅於　二月花

と切る。

「霜葉《そうよう》」（名詞）は「霜（で紅や黄に変色した晩秋の）葉」の意。

「紅」は、色彩の名前（名詞）にも、「赤い」という形容詞にもなるが、直後に「於」が来るので、ここは形容詞の比較の定型句「B於A」（AよりもBなり）だとわかる。

「二月花」（名詞）は「二月（に咲く）花」。漢文の二月は、旧暦の二月で、現在の三月くらい（旧暦では、春は一月～三月。夏は四月～六月。秋は七月～九月、冬は十月～十二月）。

以上から考えて、

［訓読］　霜葉は二月の花よりも紅《くれなゐ》なり

［意味］　晩秋の紅葉は、二月に咲く春の花よりも、あざやかな赤色である。

第十一課◆副詞

(一) 吾楽甚多

(二) 千里馬常有而伯楽不常有

(三) 江碧鳥逾白

『説苑』雑言
吾が楽しみは甚だ多し
ワがタノしみはハナハだオオし

韓愈「雑説」
千里の馬は常に有れども、伯楽は常には有らず。
センリのウマはツネにアれども、ハクラクはツネにはアらず。

杜甫「絶句」
江碧にして鳥逾〻白し
コウ、ヘキにしてトリ、イヨイヨシロし

【ポイント】

副詞とは、単独では用いられず、用言（動詞・助動詞・形容詞）の前について用言を修飾する語である。漢文の副詞は、書き手が重い意味をこめる場合もあれば、音読の語調を整えるための字数稼ぎとして書き込まれる場合もある。

打ち消しの場合、語順により、

否定詞＋副詞＋用言　→　部分否定

副詞＋否定詞＋用言　→　全部否定

と意味が変わるので、要注意。

【解説】

I

漢文法では、副詞は一応「虚詞」に分類されるが、個々の副詞は動詞や形容詞から転用されたものも多く、「半実半虚」の観を呈している。

例えば「とても〜」を意味する程度副詞「甚《ジン》」（はなはダ）は、本来「はなはダシ」（程度がはなはだしい）という形容詞である。

甚矣（『論語』述而）

は、訓読は「甚だしきかな」（「矣」は、感嘆の語気助詞）。この「甚」は単独で用いられており、形容詞である。漢文では、形容詞「甚」は副詞にも転用できる。形容詞「多」の前に置き、

甚多

とすると「甚だ多し」（とても多い）の意。例文㈠「吾楽甚多」は、故事成語「栄啓期《えいけいき》の三楽《さんらく》」の原文の一部で、貧しい老人が、孔子に向かって「わしの楽しみは、とても多いのじゃ」と言うセリフ。

「甚多」を打ち消すとき、否定の副詞「不」（意味分類では「否定詞」だが、品詞分類では「不」も副詞の一つ）をどこに入れるかで意味が変わるので、要注意。

①衡称曹公不甚多（『三国志』荀彧《じゅんいく》伝・注）

②語甚不多（『世説新語』賞誉）

①は部分否定で、訓読は「衡《こう》、曹公を称すること、甚だしくは多からず」。意味は「禰衡（でいこう）は曹公（曹操の尊称）をほめることがあまり多くなかった」（部分否定）。禰衡は「三国志」ファンにはおなじみの、トリックスター的な文人。

②は全部否定で、訓読は「語、甚だ多からず」、意訳は「口数がとても少なかった」。

例文(二)は「一日千里を走る名馬は、常にいるが、名馬の才能を見いだせる名調教師は、いつもいるわけではない」という部分否定である。

Ⅱ

「甚」を含む、主な程度副詞の一覧表を掲げる。

訓読	例	意味
やや	**稍 良 差 較**	少し
すこぶル	**頗**	かなり
はなはダ	**甚 太 孔 苦 忒 泰 酷**	とても
まことニ	**真 誠 実 良 允 信**	本当に
きはメテ	**極 綦**	非常に

訓読が同じ副詞どうしも、完全な同義語ではない。例えば「甚」は「はなはだしい」意の形容詞として使えるが、「太」はそうではないので、「太矣」(太しきかな)とは書けない。

副詞「頗」の意味の範囲は広く、文脈によって「少し」から「とても」までカバーするので要注意。

形容詞の程度を示す副詞には、この他にも「殊」(ことニ。特に)、「尤」(もっとモ。とりわけ)、「更」(さらニ。もっと)、「最」(もっとモ。いちばん)、「無限」(むげんニ。かぎりなく)など、いろいろある。

例文(二)「江碧鳥逾白」は、「川の、宝石のようなみどり色の水面を背景にして、鳥が、ますます白く見える」の意。「愈」「弥」も「いよいよ」と訓じ、訓読では、踊り字の一種である「〻」(二の字)を振り仮名的に添える。

Ⅲ

時間関係の主な副詞は、次のとおり。

「**嘗**」「**曾**」は「かつテ」(以前)
「**已**」「**既**」「**業**」「**経**」は「すでニ」(もう)
「**方**」「**正**」は「まさニ」(今ちょうど)
「**常**」「**恒**」「**鎮**」は「つねニ」(いつも)
「**屢**」「**数**」「**亟**」「**驟**」は「しばしば」(何度も)

「**永**」「**長**」は「ながク」（いつまでも）
「**暫**」「**姑**」「**少**」「**頃**」「**且**」は「しばらク」
「**漸**」は「やうやク」（ようやく。次第に）
「**忽**」は「たちまチ」（突然に）
「**偶**」「**適**」は「たまたま」（偶然に）

右の中には、「少焉」（しばらク）、「忽然」（こつぜんト）のように接尾語をつけてもよいもの、「業已」「既已」（すでニすでニ）のように類語と組み合わせてよいもの、などもある。

全体・部分、共同・単独を示す副詞は、

「**全**」「**渾**」「**都**」「**統**」「**総**」「**凡**」は「すべテ」
「**悉**」「**尽**」は「ことごとク」（全て残らず）
「**皆**」「**咸**」は「みな」（全員、全部）
「**倶**」「**偕**」「**共**」「**同**」「**与**」は「ともニ」
「**独**」は「ひとリ」

数詞の前について概数を示す副詞には、「約」（やく〜）、「可」（〜ばかリ。訓読では下から返る）、「略」（ほぼ〜）、「無慮」（むりょ〜。大きな数に限って用いる）、などがある。

Ⅳ

副詞は、字訓は同じでも、それぞれの意味用法のニュアンスは異なる。例えば、同じ「つひニ」（とうとう）でも、

「**遂**」は「そこで〜」「そういうわけで〜」
「**竟**」は「紆余曲折の末、結局〜」
「**終**」は「最後まで〜」「最後に〜」
「**卒**」は「結局、最後には〜」

同じ「つひニゆク」でも、「遂行」は「（前を受けて）そういうわけで、出発した」、「竟行」は「結局、出発することにした」、「終行」は「最後まで行く」、「卒行」は「出発する、という結末に終わった」。

副詞のニュアンスの差は、それぞれの語の動詞ないし形容詞の意味用法の違いをひきずっていることが多い。

「まタ」という同一の訓を共有する副詞も、

「**亦**」は「～もまた」、英語の also ないし too
「**又**」は「そのうえまた」、英語の and
「**復**」は「またもう一度」
「**也**」は「（中世以後の俗語的な）～もまた」
のように、それぞれニュアンスが違う。

以上は、複数の副詞が訓読みでは同じになってしまう例である。逆に、一つの副詞が、訓読では複数の訓読みをもつことも多い。

例えば副詞「自」は、
「みづかラ」（自分から～）
「おのづから」（「自然と～」「もとから～」）
の二つの訓がある。漢語「自覚」「自助」は「みづからおぼユ」「みづからたすク」で「自分から～」の意、「自然」「自明」は「おのづからしかリ」「おのづからあきラカナリ」で「自然と～」の意。

実際の漢文では、しばしば両者の意味が混合する。例えば「自治」は、前後の文脈により、現代日本語と同じ「みづからをさム」の意にも、「おのずからをさまル」（政治が自然にうまくゆく）の意にもなりうる。

V

否定詞と副詞の慣用句の一部も、紹介しておく。

「**不必～**」「**未必～**」は「（未だ）必ずしも～ず」（必ずしも～とは限らない）
「**不但～**」「**不只～**」は「たダ～のみならず」（～だけではない）
「**未曾～**」「**未嘗～**」は「いまダかつテ～ず」（今まで一度も～ということはなかった）
「**不亦～乎**」は「まタ～ずや」（これまた、～ではなかろうか）
「**不復～**」は「まタ～ず」（二度と～しない）

【練習問題】次の白文を訓読し、意味を解釈せよ。

天下有常勝之道有不常勝之道常勝之道曰柔常不勝之道曰強

（『列子』黄帝）

【解説】

原文をじっと見ると、「常勝之道」「不常勝之道」「常不勝之道」と、似たような言い回しが繰り返して出てくることがわかる。そこに着目して白文を区切り、適宜、改行すると、次のようになる。

天下	①有常勝之道	③常勝之道曰柔
	②有不常勝之道	④常不勝之道曰強

「常勝」は「常に勝つ」（いつも勝利する）

「不常勝」は「不＋副詞」なので部分否定となり、「常には勝たず」（いつも勝つわけではない）。

「常不勝」は「副詞＋不」なので全部否定となり、「常に勝たず」（いつも勝てない＝いつも負ける）

「曰」は、後ろが長いセリフのときは「曰《いは》く」と訓読するが、後ろが短い語句なら「曰《い》ふ」と読む。

［訓読］天下、常に勝つの道有り、常には勝たざるの道有り。常に勝つの道を柔《じゅう》と曰ひ、常に勝たざるの道を強《きょう》と曰ふ。

［意味］天下には、いつも勝利する道と、いつも勝利するとは限らぬ道がある。いつも勝利する道を「柔」と言い、いつも負ける道を「強」と言う（「柔よく剛を制す」と言うとおり、「柔軟」は「剛強」にまさる）。

第十二課◆存現文

㈠ 有人吊者

㈡ 沛然下雨

㈢ 古道少人行

『礼記』檀弓上
人の吊する者、有り。
ヒトのチョウするモノ、アり。

『孟子』梁恵王上
沛然として雨下る。
ハイゼンとしてアメ、クダる。

耿湋《こうい》「秋日」
古道、人の行く少し。
コドウ、ヒトのユくスクナし。

【ポイント】

存在や出現、「ある」や「あらわれる」ことを示し、かつ倒置法的な語順をもつ文章を「存現文」と言う。漢文の語順は普通「主語＋動詞」である。しかし存現文の場合「(存在や出現の意味の)動詞＋(形式上の)目的語(＝意味上の主語)」と、語序が逆転する。

存在や出現の意味を示す文章でも、主語と動詞の順序が転倒していないものは存現文ではない。

例えば、「我在」(我、在り)は一般文だが、「有人」(人、有り)は存現文である。

【解説】

I

「私はここにいる」という意味の漢文は、通常どおり「主語＋動詞(＋場所)」という語順になる。例えば「我、此《ここ》に在り」は、

我在此

しかし「(誰かわからないが、誰か)人がここにいる」というように、「不定の主語」の存在出現を表す場合は、存現文となり、語順は「(場所＋)動詞＋(不定の)主語」という倒置法的語順になる。例えば「此に人、有り」は、

此有人

偶然ながら、この語順の違いは、英語と似ている。「我在此」は「I am here.」と、「此有人」は「Here is a man.」の語順と同じ。

英語には定冠詞 the と、不定冠詞 a の区別がある。The の時は「The man is here.」、a の時は「Here is a man.」が正しい。漢文でも、

人在此　この「人」は the man (the men)

此有人　この「人」は a man (men)

とでは、ニュアンスが変わる。「人在此」は「(さっきから話題にしている、あの)人がここにいる」。「此有人」は、「(誰か)人がここにいる」。

II

存現文には、

① 存現動詞(「有」「無」等)を使う文

② 一般動詞や、「多寡《たか》」を示す形容詞の文

の二種類がある。基本は①である。

動詞「有」と、その反意語「無」(莫、没なども)は、

存現文専用の動詞である。例えば「有人」（人、有り）、「無人」（人、無し）も存現文。日本語でも、「有人」「有名」「有線」「有料」とは言うが、「人有」「名有」「線有」「料有」とは言わない。

「主語＋有」という語順にすると、「有」は存在出現の意味ではなく、「有する」という意味の一般動詞になる（通常は目的語を取る）。

第四課「否定詞」で説明した「存在を打ち消す否定詞」の「無」「莫」「没」などは、存現動詞としての用法と、「無思（思うこと無し）」のような一般的な「否定詞」としての用法の二通りの用法があることに注意。

III

① 日本語では、例えば「遠くから来た友だちがいる」のように、「友だち」という名詞の前に直接、修飾語としての動詞句を置くことができる。しかし漢文では、存現文に限らず、一般に、名詞の前に修飾語としての長い動詞句を直接に置くことはできない。漢文の語順では「いる、友だち、（その友だちが、どんな友かと言うと）、遠くから来た」となる（この語順は、英語の関係代名詞を使った文と似ている）。例えば、

有朋自遠方来　（『論語』学而）

訓読は「朋《とも》有り、遠方より来《きた》る」と、「朋の遠方より来る有り」の二通りが可能だが、どちらも意味は同じである。

② 例文㈠「有人弔者」は、逐語訳すると「いる（いた）、人が、弔問する者」。意味は「ある人が弔問に訪れた（訪れる）」あるいは「弔問に訪れた人がいた（いる）」。孔子の弟子の子路は、赴任先で内乱に巻き込まれ、殺された。孔子は悲報を聞き、泣いた。弔問に訪れた人がいた。孔子は彼から、子路の最後の子細を聞いた。子路の死体は切り刻まれ、塩漬けにされた（古代中国の刑罰の一種）という。それを聞いた孔子は、家中の塩辛を捨てさせた。

③ 漢文法では、「有人弔者」や、「有朋自遠方来」のような語順の文を「**兼語文**」と呼ぶ。これは、

「**有朋**」（朋有り）
「**朋自遠方来**」（朋、遠方より来る）

という二つの文をくっつけて、一文にしたと見なすことができる。「朋」は、前半部「有朋」の動詞「有」の形式上の目的語（意味上の主語）であると同時に、後半部「朋自遠方来」の主語でもある。文の核心となる語が、目的語と

主語を兼ねているので、「兼語文」と呼ぶ。兼語文は、存現文だけでなく、「〜に…させる」という使役文や、「〜は…だと思う」などの複文的な書き方でよく使う。それぞれ、後にまた説明する。

Ⅳ

存現文の二種類目は、「有」や「無」の位置に、一般の動詞や、多寡の意味を示す形容詞（多、少、寡、稀、…）を置いた文である。

例えば「雨が降る」は、日本語でも「降雨」であり、「雨降」とは言わない。漢文の感覚では、

有雨（雨、有り）

降雨（雨、降る）

と並べるとわかるが、「降雨」の「降」は一般動詞「降る」に、「降ってくる、という形で出現・存在する」という存在動詞的なニュアンスが、プラスされている。

一般に漢文の語順は、紙芝居と同様、なるべく、事柄が生起する順番どおりに述べようとする。「降雨」の語順を、紙芝居的に説明すると、一枚目は「降（おや、何か液体が降ってきたぞ。セミのおしっこか、きつねの嫁入りか、雨か）」。二枚目は「雨（やっぱり雨か）」。

例文㈡「沛然下雨」の、「沛然《はいぜん》」は雨がざあざあと激しく降る様を示す擬態語、「下雨」は「降雨」と同義。

もし「雨降」の語順にすると、存現文ではなく、「（特定の）雨が降る」という一般の文になる。「降」も、存在出現のニュアンスが消え、単に「降る」という純粋な一般動詞になる。例えば、

時雨降｜民大悦（『孟子』梁恵王上）

は「時に雨降り、民、大いに悦《よろこ》ぶ」。日でりが続く。農民は、雨が降るのを、今か今かと待ち焦がれる。その時、ずっと待っていた恵みの雨が、空から降ってきた。民は、とても喜んだ。……この文の「雨」は、普通の不定の雨ではなく、文脈上、ずっと話題になっていた特定の雨である。また「降」は、不意の存在出現ではなく、想定の範囲内である。それゆえ、この文脈では、「雨降」という語順が自然である。

なお、「降雨」の否定は、

不降雨（雨、降らず）

無降雨（雨、降ること無し）

の二通りがある。「雨降」の否定は、

雨不降　（雨、降らず）

となる。

V

数量の多寡を示す形容詞も、存現文的な語順になりやすい。日本語でも「多情」「多感」「多才」と言う。「情多」「感多」「才多」とは言わない。

漢文では、例えば、

少人　（存現文）

人少　（一般文）

の両方の語順が可能で、両者とも訓読は同じ「人、少し」になるが、「人」のニュアンスが変わる。「少人」の人は「不定の人」で、人影が少なくて淋しい、の意。「人少」の人は、前の文脈を読むと、例えば「芸術が理解できる人」とか「その場所に住んでいる人」のように、どんな人か限定される「特定の人」が少ない、の意味。

例文㈢「古道少人行」も存現文で、意味は「古びた道を行く人の姿は、少ない」。これは例えば、

古道有人行
古道多人行

古道少人行
古道無人行

のように対比するとわかるが、この文脈の「多」「少」という形容詞は、それだけで「多く存在する」「少なく存在する」という、「有」に似た存在動詞的な意味もプラスされている。

「多」「少」などの語に、「有」という存在動詞的なニュアンスを持たせず、純粋な形容詞として使う場合は、他の形容詞と同様、「主語＋述語」の語順になる。例えば、

城大人少　（『墨子』雑守）

は、訓読は「城は大なれども、人は少なし」。漢文の「城」は、城壁で囲まれた都市、の意。

少年は男の子ではない

日本語の「少年」は「男の子」の意だが、漢文の「少年」は、男女の区別に関係なく「若い年齢（の人）」の意である。

漢文の漢語は、日本語と意味用法が微妙に違うものが多い。日本語と同じ字面の漢語でも、おっくうがらずに漢和辞典を引き、漢語のニュアンスを確認すべきである。

【練習問題】以下の書き下し文の「復文」を行い、漢文の白文に直せ。

（一）**峨眉《がび》山下《さんか》、人の行くこと少し。**

（意味は「四川省の峨嵋山のふもとは、道を行く人も少ない」）

（二）**白楊《はくよう》、悲風多く，蕭蕭《しょうしょう》として人を愁殺《しゅうさつ》す。**

（意味は「墓地に植えられるハコヤナギには、悲しげな風がまとわりつき、ヒュウ、ヒュウという風音は、人をこの上なくせつない気持ちにさせる」）

【解答】

（一）峨嵋山下少人行。　…出典は、白居易「長恨歌《ちょうごんか》」。

（二）白楊多悲風、蕭蕭愁殺人。　…出典は「古詩十九首」の第十四首。

第十三課◆助動詞（一）—可能

㈠ 鸚鵡能言

㈡ 孺子可教矣

㈢ 不得已

『論衡《ろんこう》』龍虚
鸚鵡、能く言ふ。
オウム、ヨくイう。

『史記』留侯世家《せいか》
孺子、教ふべし。
ジュシ、オシうべし。

『論語』顔淵
已むを得ず。
ヤむをエず。

【ポイント】

助動詞は、形は動詞と似ているが、単独では動詞とならず、他の動詞にくっついて「状況」を説明する語である。可能（〜できる）、認定（〜べきだ）、未来（〜だろう）、使役（〜させる）など、様々な助動詞がある。

漢文の助動詞は、動詞由来のもの、副詞由来のものなど雑多で、副詞や補助動詞との境界線が曖昧な助動詞も多い。まずは、漢文の助動詞の基本である「可能の言い方」を理解しよう。

【解説】

Ⅰ

動詞の前について、「〜することができる」という意味を示す助動詞と補助動詞は、次の四つである。

① **可**　…形容詞由来の助動詞
② **能**　…動詞由来の助動詞
③ **得**　…補助動詞的な助動詞
④ **足**　…助動詞的な補助動詞

例えば動詞「言」（「言う」。旧仮名遣いでは「言ふ」）を例に取ると、同じ「言うことができる」という可能の意味でも、それぞれ、次のようなニュアンスの違いが生まれる。

① 「可言」　訓読「言ふべし」。
「言うのは可」つまり、「言っても良い」という条件を満たしたから「言える」。
否定は「不可言」（言ふべからず）で、意味は「（言っては いけない、言うことは不可、言うことが許可されていないから）言えない」。
なお、日本語の文法では「べし」は助動詞なので、書き下し文にする時は平仮名で「べし」と書き、「可し」とは書かない。

② 「能言」　訓読「能く言ふ」（ヨくイう）。
「言う能力がある」から「言える」。
否定は「不能言」で、「（能力的な限界を超えているので）言えない」。「不能言」は、漢文訓読では慣習的に「言ふ能はず」（イうアタわず）」ないし「言ふこと能はず」と読む。
例文㈠「鸚鵡能言」は、オウムは鳥なのに人間の言葉をしゃべる能力がある、という意味。「オウム、ヨくモノイふ」と訓読しても、意味は同じである。

③「得言」訓読「言ふを得」（イうをウ）

「言ふことを得」と訓読しても意味は同じ。発言するチャンスを得たので「言える」。

否定「不得言」は、「言ふ（こと）を得ず」。チャンスが無くて、言えない、の意。

例文㈢「不得已」は漢文の熟語で、日本語「やむをえない」の語源。この場合「已む」は「（事態の悪化を、そこまでで食い）止める」の意。「得ず」は「（～という選択の道を）得ることができない」の意。全体として「他に方法がなく、しかたない」の意になる。

④「足言」訓読「言ふに足る」（イうにタる）

話題として取り上げるのに十分な価値があるから「言える」。

否定「不足言」は「言ふに足らず」。話題にするにも値しない、つまらぬ事柄なので「言えない」。

Ⅱ

助動詞「可」は、もともと「まあまあ、良い」「なんとか、ＯＫ」という意味の形容詞である。学校の成績評価の「優、良、可、不可」の「可」と同じ。「優」と「良」は本当に良い成績だが、「可」は、まあ合格させてやってもよい、くらいの成績である。

「可」の語源は、のどの奥にいったん息を止めてから吐き出す「呵」（カ）という「叫び声」である。すなおに「良い」とは言えないが、ちょっと一呼吸ためてから「まあ、良い」と言うとき、古代中国人は「可！」と言った。例えば、

可也　（『論語』学也）

は、訓読は「可なり」。意味は「（一番良い訳ではないが、まあまあ）よい」。

この形容詞「可」から転じて、「可とする」という動詞や、「…できる」という助動詞が派生した。

例文㈡「孺子可教矣」は、訓読は「孺子《じゅし》、教ふべし」、意味は「このガキめ。まあ（わしが）教えてやってもよかろう」。「孺子」は、小さな子供、の意。「矣」は「！」という感じの語気助詞で、訓読では置き字として読まないことが多い。昔、張良という人がいた。彼は、謎の老人と偶然に出会い、兵法の極意を教わった。「孺子可教矣」は、謎の老人が、張良に言った言葉。兵法を学んだ張良は、劉邦という農民出身の英雄の参謀になった。劉邦は天下を取

り、漢の初代皇帝となった。

助動詞「可〜」は、「〜してよい」という可能認定の意から転じて、「〜できる」（可能）、「〜するのがよい」（勧誘）、「〜にふさわしい感じがする」（形容）など、さまざまな意味が派生する。それぞれの「可」がどのような意味かは、前後の文脈で判断しなければならない。

例えば、同じ「不可」でも、「不可侵」（犯すべからず）は「侵略することはできない。許可されていない」という不許可・禁止の意だが、「不可解」（解すべからず）は人間の知恵では理解できないという不可能の意味である。

また「可愛」（愛すべし）や「可憐」（憐れむべし）は、それぞれ日本語「かわいい」「可憐な」の語源となった漢文（漢語）だが、「愛してもよい」（可能・許可）→「愛するのにふさわしい感じがする」（形容）という流れで、結果的に「可愛」「可憐」の「可」は、動詞の前に接頭語的にくっついて「〜するのにふさわしい」という意味の形容詞的な言葉を作る、という意味用法が生じている。

このように「可」は、漢文の助動詞の中でも、特に意味用法が広いので要注意である。

また「可」は、しばしば「以」を伴って「可以〜」（以て〜べし）と二字化される。この「以」は、本来は手段や理由を表す前置詞であるが、「可以」の以は特定の手段や目的語を指さず、単に「可」を二音節語に引き延ばして「可」の意味を強調するための接尾語になる場合も多い。

例えば「可以瞑」という漢文の熟語は、訓読は「以て瞑《めい》すべし」、直訳は「それによって、目をつむる（思い残すことなく死ぬ）ことができる」。意訳は「多少、不満や後悔は残るかもしれないが、そこまでやったのだから（あるいは、他人から見れば満足すべき状況なのだから）、満足しなさい。「それによって」の部分は、前後の文脈上、具体的な理由が述べてある場合もあれば、単にリズムを整えるため接尾語的に「以」を付けてある場合もある。

Ⅲ

「能」は、複数の記号を組み合わせた会意文字である。「ム」の部分は「力を出して働く」意。「月」は空の月ではなく「にくづき」で「肉体」の意。カタカナの「ヒ」を縦に並べたような形は「動物の四つ足」。熊（クマ）やカメのように、頑丈な四つ足でねばり強い力を出し続けて働く、という動詞的なイメージである。転じて、事をなしとげることが「できる」という意の可能の助動詞、事をなす力の意の名詞（「才能」「能力」）、ねばり強いエネルギー源の意の名詞（「放射能」）、優れた力がある意の形容詞（「能筆」「能弁」）、その他のさまざまな意味用法が派生した。

「可」と「能」をあわせて「可能」と言うとおり、「可」と「能」の意味用法の境界線は、しばしば曖昧である。例えば、「不可〜」という禁止の命令を、婉曲化して、「不能〜」とソフトに書くことがある。日本語でも、目上の人に「ここでタバコを吸うのは駄目です（＝不可）」と言いづらい場合は、「ここでは、タバコを吸うことはできません（＝不能）」とソフトに言ったりする。漢文も同様である。

Ⅳ

可能の助動詞は、二重否定でもよく使われる。

a　不可不言　言はざるべからず
b　不能不言　言はざる（こと）能《あた》はず
c　不得不言　言はざるを得ず

右の三つとも「言わないわけにはゆかない」の意だが、aは強い口調、cはソフトな口調、bは中間の口調である。なお、補助動詞「足」については、「不足不〜」とはあまり書かない。

社名と漢文

明治・大正期に創立した会社は、名前を漢文古典から採っているところが多い。大正時代に創業した白水社も、社名は『淮《え》南子《なんじ》』の「白水出崑崙之山、飲之不死」（白水は崑崙《こんろん》の山に出で、之を飲めば死せず）から採った。

ただし、この漢文は現行の『淮南子』には見えない。今の『淮南子』には「是謂丹水、飲之不死」（是れを丹水《たんすい》と謂ふ…）云々とある。「丹水」は仙丹（仙人の薬）を連想させる赤い水で、白水（透明な水）と違う。

後漢の学者・王逸《おういつ》は、『楚《そ》辞《じ》』の注を書いたとき、『淮南子』の言葉として「白水出崑崙之山、飲之不死」を引用した。どうやら、後漢の時代の『淮南子』では「白水」だったのに、筆写を重ねて後世に伝わるうち、いつのまにか「白水」が「丹水」に変わってしまったらしい。

白水社の社名の由来となった漢文は、テキストクリティックの一例である。

【練習問題】次の二つの漢文の意味を、傍線部に注意しつつ解釈せよ。

A　敗軍之将不可言勇（『説苑』談叢）

B　道不可言言而非也（『荘子』知北遊）

【解説】

「不可言」の訓読は「言ふべからず」、直訳は「言えない」。なぜ言えないのか、その理由は、①言語で表現することが不可能だから、②発言するという態度をとることが不適切なので発言を遠慮すべきだから、③発言を禁止されているから、などが考えられる。

Aの訓読は「敗軍の将は、勇を言ふべからず」、直訳は「戦争で負けた将軍は、勇敢さを語れない」。語れぬ理由を常識的に考えると、②「不適切」か③「禁止」であろう。意訳は、「戦争に負けた軍人は、自分は勇敢だったと言う資格はない（不適切・禁止）」。そんな負け惜しみを口にすると、責任回避の言い訳のように聞こえ、みっともない。「敗軍の将は兵を語らず」ということわざと、同様の含意である。

Bの漢文の前半部「道不可言」の訓読は「道は言ふべからず」、直訳は「道は言えない」。『論語』『孟子』など儒家思想の「道」は「道徳的な道」の意だが、『老子』『荘子』『列子』など道家思想の「道」は「無為自然の、あるがままの道」「言語による説明を超越した、玄妙な真理」の意である。

後半部「言而非也」の接続詞「而」は、第九課で解説したとおり、「しかシテ」（順接）、「しかレドモ」（逆接）、「すなはチ」（論理接続）など、さまざまな意味をもつ。ここでは前半部とあわせて「道は言ふべからず。言へば而《すなは》ち非なり」と訓読すると、最もよく意味が通じる。意訳は「道というものは、言葉で説明できない（不可能）。もし言葉で説明できるようなら、それは本当の道ではない」。

第十四課◆助動詞（二）―認定

㈠ 及時当勉励

㈡ 応知故郷事

㈢ 永夜宜痛飲

陶淵明「雑詩」
時に及びて当に勉励すべし。
トキにオヨびてマサにベンレイすべし。

王維「雑詩五首」其四
応に故郷の事を知るべし。
マサにコキョウのコトをシるべし。

楊万里「感秋五首」其五
永き夜は宜しく痛飲すべし。
ナガきヨはヨロしくツウインすべし。

【ポイント】

漢文の「～すべきだ」「～だろう」「～したほうがよい」などの判断・認定の助動詞は「当」「応」「須」「宜」「可」などがある。

日本語の漢文訓読では、最後の「可」を除き、いわゆる「再読文字」という特殊な読み方をする。

【解説】

I

可能の助動詞「可」は、「～できる」という基本義から派生して「～してもよい（許可）」、また「～するのにふさわしい（適当）」などの意味ももつ。例えば、

可謂知矣（『論語』雍也《ようや》）

は、訓読は「知と謂《い》ふべし」、直訳は「知（的な態度）であると言える」である。この「～と言える」は、単なる可能ではなく、「～と呼ぶのにふさわしい」という判断の気持ちも含む。

この判断の気持ちを強調した助動詞に、「当」「応」「須」「宜」などがあり、それぞれ判断の確信度の強弱と、意味合いが異なる。

動詞「知」（知る）を例に取ると、次のようになる。

a **当**知　当《まさ》に知るべし（当然知らねばならない）
b **応**知　応《まさ》に知るべし（知っているはずだ）
c **須**知　須《すべから》く知るべし（知る必要がある）
d **宜**知　宜《よろ》しく知るべし（知ると良い）
e **可**知　知るべし（知ることができる）

最後の「可知」は、可能の意味だが、文脈によっては「（その気になれば）知ることができる。（だから）知るべきだ」という判断の意味にもなりうる。

II

「**当**」は、本来は「ぴったりと当たる」という意味の動詞。そこから転じて、動詞の前につけて「～する、ということに、ぴったりと該当する」→「当然～すべきだ」という意味の助動詞としても使う。

例文（一）「及時当勉励」は、陶淵明の有名な詩の一句。直訳は「時機を逃すな。頑張らねばならない」の意。漢字「及」の原義は、「吸」と同じで、ピッタリくっつく、の意。ここでは「しっかりつかんで、逃さない」の意。「勉励」は、「頑張る」の意。勉学に励むこと、とは限らない。

日本では、陶淵明の「及時当勉励、歳月不待人（歳月は人を待たず）」という詩句の意味を誤解して「若いうちに勉強しなさい」の意だと思っている人が多い。しかし、陶淵明の詩の原文を読むと、彼の主旨は「人生は短いのだから、楽しめる時に、みんなと酒を飲んで楽しまねばならない。頑張って飲もう」というさばけた内容で、勉学だけを勧める詩ではない。

日本語でも使う漢語「当然」は、訓読すれば「当に然《しか》るべし」となる。意味は「当然、そうでなければならない」（判断）、または「当然、そうであるはずだ」（強い推量）で、どちらの意味になるかは前後の文脈による。

Ⅲ

日本の漢文訓読では、助動詞「当」は、「再読文字」という特殊な読み方をする。これは、原文の一字を二度読むという、特殊な読み方である。

漢文の助動詞「可」は、日本語の古語の助動詞「べし」とおおむね該当するので、訓読では「べし」と読む。しかし「当」は、日本語の助動詞「べし」プラスアルファの意味をもつ。日本人の祖先は、そのプラスアルファの部分を、日本語の副詞「まさに」で表すことにして、助動詞「当」を「まさニ〜ベシ」と二度読みすることにしたのである。これは純粋に、日本語側の事情である。

他の判断の助動詞も、「応」は「まさニ〜ベシ」、「須」は「すべからク〜ベシ」、「宜」は「よろシク〜ベシ」と訓読する。

再読文字は、判断の助動詞に限らない。他にも、「不」（ず）に対する「**未**」（いまダ〜ず）、「如」（ごとシ。〜のようだ）に対する「**猶**」（なホ〜ごとシ）、「何不〜」（何ぞ〜ざる）に対する「**盍**」（なんゾ〜ざル）がある。未来を示す「**将**」と「**且**」も、「まさニ〜トス」と読む。いずれの漢語も、日本語では、一単語だけでピタリと意味を言い切れる単語がないため、副詞をプラスして、再読文字として読むのである。

英語のnotとneverも、日本語ではnotは「〜ない」だが、neverは「決して〜ない」のように再読文字風に訳すことが多い。漢文の「再読文字」も同様で、日本語の都合によるくくりわけである。中国人向けの漢文の教科書には、もちろん「再読文字」という項目は存在しない。

Ⅳ

「応」は、昔の繁体字では「應」と書いた。「應」の字は「鷹」（たか。ヨウ）と似ている。「應」（応）の字源は、人が鳥を「心」（むね）でしっかりと受け取る、である。そこから、「応」の原義は、他者に対して「反応する」「応じる」「応《こた》える」という意味になる。転じて、動詞の前に置いて、「～するのが相応《ふさわ》しい」（判断）、「きっと～のはずだ」（推量）の意の助動詞としても使う。助動詞「当～」の意味と似ているが、判断と推量の確信度は「当～」より弱めである。

例文㈡「応知故郷事」は、遠い故郷からやってきた旅人にむかって、「きっと、故郷の近況をご存じですね」とたずねた言葉。このあと詩は「（あなたが故郷を出てこちらに）来られた日、（妻の部屋の）飾り窓の前の寒梅は、もう咲いていましたか?」と続く。「故郷に残してきた私の妻は、元気ですか?」と直接に訊ねずに、妻が愛《め》でている梅の花の様子を聞くところが、繊細で上品である。ここを、もし「当知故郷事」とすると、「君は当然、知っているはずだ」と確信度が強くなりすぎて、詩のデリケートな雰囲気が壊れてしまう。

Ⅴ

「須」の原義は「ひげ」という名詞である。

また「須」の字音（漢音シュ、呉音ス）は、「需」（漢音シュ、呉音ス、慣用音ジュ）と近音であり、「需」と同様「（他者に）求める」「（他者の力をあてにして）待つ」の意の動詞としても使う。また「求める」意の動詞から転じて、動詞の前につけて「ぜひ～する必要がある」という意味の助動詞にもなる。日本語の単語「必須」の「須」も、この「必要がある」という意味である。

漢文独特の訓読語「すべからく」は、日本人の先祖が「須～」という漢文の助動詞を訳すために考案した副詞である。

訓読語には、「曰く（言うことには、の意）」「恐るらく（現代語「おそらく」の語源）」「願はく（現代語「願わくば」の語源）」「以為《おもへ》らく（おもえらく。思うことには、の意）」など、「～く」で終わる「ク語法」の語が多い。「すべからく」も、「する」という意味のサ変動詞「す」と、当然の意の助動詞「べし」の補助活用「べかり」のク語法「べからく」を合成して作った言葉である。

「須〜」の訓読は、肯定文のときは「すべからく」だが、打ち消しの場合は「須ゐず（もちいず）」、反語は「須ゐん（もちいん）」と読む。これも純粋に日本語側の事情である。例えば、

不須知　知るを須ゐず（知る必要はない）

何須知　何ぞ知るを須ゐん（どうして知る必要があろうか。いや、必要ない）

Ⅵ

「宜」は、「よろしい」の意の形容詞である。「適宜」「便宜」のギである。字の形が「宣」（セン）と紛らわしいので、要注意である。動詞の前につけると「〜するのによい」という適当の意味の助動詞になる。例文㈢の出典である漢詩の前後を含めて引用すると、

書冊秋可読　書冊は秋に読むべし
詩句秋可捜　詩句は秋に捜すべし
永夜宜痛飲　永き夜は宜しく痛飲すべし
曠野宜遠遊　曠野《こうや》は宜しく遠遊すべし

意味は「書物は、秋に（一番）読める。（良い）詩句は、秋に求めることができる。秋の夜長は、酒をしこたま飲むのに良い。草木が枯れて、ガランと淋しい広い野原は、遠く遊びに出るのに良い」。

なお「宜痛飲」「宜遠遊」を、「痛飲に宜《よろ》し」「遠遊に宜し」と訓読してもよい。その場合も、訳は同じである。

楊万里とヤン・ウェンリー

作家の田中芳樹さんの『銀河英雄伝説』は、未来の宇宙を舞台としたSF超大作で、若い人たちのあいだで絶大な人気を博した。この作品の主人公（の一人）の名はヤン・ウェンリーという。西洋的な響きの名前だが、実は、南宋の詩人・楊万里の中国語の発音「ヤン・ウァンリー」のもじりなのだ。SFと漢文は一見かけはなれているが、中国を舞台とする歴史小説も書く田中さんならではの、遊び心である。

【練習問題】左は、唐の詩人・杜甫の七言絶句「贈花卿」（花卿に贈る）詩句である。書き下し文に直し、意味を解釈せよ。（「祇」は、動詞「つつシム」、副詞「ただ」。この句の場合は後者。「祇園《ぎおん》」の「祇」と字形が似ているが、別の字である。）

此曲祇応天上有

【解説】

七言絶句は「二字＋二字＋三字」で切れることが多い。この詩句も、「此曲」「祇応」「天上有」と切れる。

書き下し文は「此の曲は、祇《ただ》、応に天上に有るべし」、意味は「この（人間ばなれしたすばらしい音楽の）曲は、ただ、天の世界にだけあるのであろう」。

第十五課◆未来と過去

(一) 未曾有也

(二) 将入門

(三) 山雨欲来風満楼

『墨子』親士
未だ曾て有らざるなり。
イマだカツてアらざるなり。

『論語』雍也
将に門に入らんとす。
マサにモンにイらんとす。

許渾《きょこん》「咸陽城東楼《かんようじょうとうろう》」
山雨、来たらんと欲して、風、楼に満つ。
サンウ、キたらんとホッして、カゼ、ロウにミつ。

【ポイント】

漢文の動詞は活用しない。「現在形」も「過去形」もない。漢文法には、英文法の「時制」とぴったり該当する概念はない。過去か現在かは、前後の文脈によってわかるように書く。必要がある場合に限り、時間を示す副詞や、近未来を示す助動詞などを使う。

【解説】

I

英語の文法には「時制」がある。例えば「行く」という意味の動詞go（原形）は、現在形go（三人称単数現在はgoes）、過去形went（行った）、過去分詞gone、と変化する。

漢文法に「時制」という概念はない。例えば、

① 昨日行　　昨日、行く。
② 毎日行　　毎日、行く。
③ 明日行　　明日、行く。

右の①「昨日行」は、日本語の漢文訓読では「昨日、行く」と読む。訓読では、過去の話であることを特に強調したい場合に限り、完了の助動詞（過去の助動詞ではない）「り」を使って「〜行けり」と読んでもよい。

③「明日行」の「明日」は、現代日本語では「あす」とか「あした」と読むが、漢文訓読では「めいじつ」ないし「みょうにち」と読み、「あした」と「明くる日（翌日）」の二つの意味がある。例えば、

明日遂行　（『論語』衛霊公）

は、孔子が、滞在先の国の君主を見限り、その国を早々に立ち去った、というくだりの一文で、訓読は「明日《めいじつ》、遂に行く」ないし「〜遂に行《さ》る」、訳は「その翌日、（孔子は）そこで去った」。

漢文法に「時制」がないのは、一見、奇妙に思えるが、これには以下の理由がある。

A　漢文式合理主義。文の中で時間を述べたければ、「昨日」とか「今日」など時間を表す単語をつければ済む。その上さらに動詞を変化させるのは、「屋上に屋《おく》を架す」ような無駄である。

B　漢文法の特徴。そもそも漢文には語形変化とか語の活用そのものがないのだから、「時制」による変化もない。

C　英語中心主義。そもそも「時制」は英語を含む西洋語の文法の発想である。漢文の視点から見ると、英語の

「時制」のほうが奇妙である。

「時制」が発達しているはずの英語でも、さすがに動詞の「未来分詞」はない。will go とか shall go など、原形 go に助動詞をつける。このほうが合理的だ。漢文は、この意味での合理化を推し進めた言語である、と見なすこともできる。

II

漢文で、時間を示す言葉は多い。主な副詞と助動詞（＊印）だけを左に示す。

現在…今（いま）**今者**（いま）**方**（まさニ）
過去…昔（むかし）**昔者**（むかし）**曾**（かつテ）**嘗**（かつテ）**曩**（さきニ）**向者**（さきにハ）
未来…＊将（まさニ～トす）**＊且**（まさニ～トす）**＊欲**（～トほっス）**未**（いまダ～ズ）
完了…已（すでニ）**既**（すでニ）

いま現在の話だと強調したければ、「今」とか「方」（ちょうど～のところ、の意）を使う。例えば、

民今方殆視天夢夢 （『詩経《しきょう》』小雅）

は、訓読は「民、今方に殆《あやふ》し。天を視れば夢夢たり」（タミ、イママサにアヤウし。テンをミればボウボウたり。「夢」は漢音ボウ、呉音ム）、意味は「人民は今まさに危機的状況にある。天を仰ぐと、ぼんやりと暗くて見えない（天は人民を見放した）」。同様に、昔の話であることを強調したければ、

昔者荘周夢為胡蝶 （『荘子』斉物論）

などと書く。訓読は「昔者《むかし》、荘周《そうしゅう》、夢に胡蝶《こちょう》と為る」（「昔者」の二字で「むかし」と読む）、意味は「昔、荘周（哲学者である荘子の本名）が、夢の中でチョウになった」。

「曾」（「曽」は異体字）と「嘗」は、「前に～したことがある」という、過去や経験を表す副詞である。例えば「曾遊」（曾て遊ぶ）は「旅行で行ったことがある」の意。日本語にも「曾遊《そうゆう》の地」という気取った言い方がある。

「曾～」「嘗～」の打ち消しは、それぞれ「未曾～」「未嘗～」で、訓読は両者とも「いまダかつテ～ず」、意味は「前に～したことはない」。

例文㈠「未曾有也」の意味は「今まで一度もなかったのである」。日本語でも、「未曾有」をそのまま「みぞう」と

呉音読みして使う。

「曩」と「向者」は、「以前には」の意。「曩」は「嚢」（ノウ。ふくろ）とは別の漢字。

「今者」「昔者」「向者」などの「者」は、時間を示す語につく接尾語で、助詞の一種。「者」は意味用法が広い助詞である。日本語で「～者」というと、「使者」「学者」「患者」のように人間を指すことが多い。漢文の「～者」は、人間を指す以外にも、「～者…也」（～とは…なり）と話題提示の助詞になったり、「今者」「向者」の者のような時間提示の接尾語にもなる（百七十頁参照）。

Ⅲ

漢文では、未来の話も、通常は「現在形」で述べる。そもそも「未来」「将来」という漢語は、それぞれ「未だ来《きた》らず」（まだ来ない）、「将《まさ》に来らんとす」（来ようとしている）と訓読できる。

「将」の昔の繁体字は「將」。「爿」（ショウ）は縦に置いた細長い台。「月」は「にくづき」で肉の意。「寸」は、この場合は長さの単位の「寸」ではなく、「手」の意。最も長い中指のことを漢語で「将指」と書く。また、先頭に立つ指のイメージから転じて、軍隊の先頭に立つ軍人を指す「将」や、軍隊を「将《ひき》ゐる（ヒキイル）」、モノを手に「将つ（もツ）」、手で「将《もち》ゐる（モチイル）」、モノゴトを自分で率先して「将ふ（オコナう）」などの意味が生まれた。また「先に立つ」イメージから、動詞の前におき「～する行為に先立つ状態にある」＝「これから～する」という意味の助動詞としても使う（百六十八頁参照）。

例文㈡「将入門」は、前後の文脈を見ないと、「将《しょう》、門に入る」（将軍が門に入る）なのか、「将に門に入らんとす」なのか、わからない。『論語』の原文を見るとわかる。孟之《もうし》反《はん》という勇敢な人物がいた。彼は自慢をしなかった。退却する軍隊のしんがりをつとめて、最後に町の城壁の「門の中に入ろうとした」。その際も、自分の馬にムチをあて「別に、命がけのしんがりの役を、進んでつとめたわけじゃない。この馬の足が遅かっただけだ」と言った（『論語』のこの一段の「将入門」は、英文法で言う「過去未来」の時制にあたる）。

なお、未来の助動詞「将～」の打ち消しは「不将～」ではなく、「将不～」である。例えば、

人将休吾将不休　（『説苑《ぜいえん》』建本）

は、訓読は「人は将に休まんとす。吾は将に休まざらんとす」、訳は「他の人なら休もうとする。（そんな時でも）私は休まない」。人一倍努力して、勉学に励む決意を述べた一文である。

「**且**」という字は「とりあえず高く積み重ねて置く」が基本義。そこから接続詞「且《か》つ」（その上）、副詞「且《しばら》く」（しばらく。とりあえず～する）、助動詞「且《まさ》に～とす」（とりえず～という状態だ→もうすぐ～になる）などの意味用法が派生した。

「**欲**」は、本来は「～を欲する」「～する意思がある」という動詞（「欲望」「欲しい気持」という意味の名詞は「慾」）。欲する対象は、自分が「まだ」入手していないモノや、「まだ」実現していない未来のコトである。転じて、近未来を示す助動詞としても使われるようになった。

例文㈢「山雨欲来風満楼」の訳は「（遠い）山のほうでは今にも雨が降ろうとしている。（嵐を予感させる）風が（私がいるこの）楼閣に満ちている」。唐王朝の衰亡の予感を詠んだ名詩の一句。『徒然草』第一五五段の「沖の干潟遥かなれども、磯より潮の満つるが如し」と同様の含意の言葉である。

完了を示す「既」は、「未遂」（未だ遂げず）に対する「既遂《きすい》」（既に遂ぐ）の「既」。

「已」は、日本の古文法の「已然形」（已《すで》に然るの形）の「已」。「己」（漢音キ、呉音コ。おのれ）や「巳」（漢音シ、呉音ジ。み）と字形が似ているので、要注意。

知と智

「欲」と「慾」は、本来用法の違う別の漢字だが、日本の常用漢字では「慾」の字がないため、日本語では「慾」を含む漢語を「欲」に書き換えることが多い。

「知」と「智」も別の漢字だが、今の日本では「智」を「知」に書き換える。「智」の意味用法は、形容詞「さとシ」（頭がよい）、名詞「智《ち》」、動詞「智とす」（頭が良いと見なす）。「知覚する」という意味の「知」とは違う。漢文の「智慧」は、現代日本語では「知恵」となる。

漢文の読解では、日本語の漢字の書き換え用法に引きずられないよう、漢字本来の意味用法に留意する必要がある。

【練習問題】次の漢詩を訓読し、意味を解釈せよ。

蒼天已死黄天当立歳在甲子天下大吉

【解説】

『三国志』のファンにはおなじみの、「黄巾賊《こうきんぞく》」がとなえた詩である。漢詩の形式は、四言詩（一行が四字）、五言詩、七言詩、雑言詩（各行の字数は不定）など様々である。この詩は十六字なので、四言詩。一行四字で区切ると、

蒼天已死
黄天当立
歳在甲子
天下大吉

と、きれいに並ぶ。「死」と「子」、「立」と「吉」が、脚韻を踏んでいる。

訓読は「蒼天《そうてん》、已に死す。黄天、当《まさ》に立つべし。歳《とし》、甲子《こうし》に在りて、天下大吉」。

直訳は「青い天は、もはや死んだ。黄色い天が、これから立つはずだ。今年のえとは甲子。天下大吉だ」。「蒼天」は通常の「天」を指す。「黄天」は「廣天」（「廣」は「広」の繁体字）に通じ、また「黄」は黄巾賊のシンボルカラーでもある。甲子は、六十干支の最初。西洋では百年を一世紀としたが、東洋では六十年を一つの周期とした。黄巾の乱が起きた西暦一八四年の干支は、甲子であった。

宗教集団の反乱のときに信者たちが唱った詩なので、暗号めいた表現が多く、いろいろな解釈ができるが、全体としては「今までの神は死んだ。新しい、われらの神の時代が始まる」という意味らしい。

第十六課◆助動詞（三）―使役

(一) 使人言

(二) 五色令人目盲

(三) 玉人何処教吹簫

『史記』高祖本紀
人をして言はしむ。
ヒトをしてイわしむ。

『老子』第十二章
五色は人の目をして盲ならしむ。
ゴシキはヒトのメをしてモウならしむ。

杜牧「寄揚州韓綽判官」
玉人、何処にか簫を吹かしめらる
ギョクジン、イズクにかショウをフかしめらる

【ポイント】

「（誰それ）に（何々を）させる」という言い方を使役文という。「〜させる」という意味の助動詞は、古くは「使」と「令」の二種類だったが、後に助動詞「教」、動詞「遣」等も使役文の定番に加わった。

使役の助動詞を使わない普通の文でも、文脈上、使役の意味内容になることがある。

また使役文は、兼語文（九十六頁参照）や、「もし〜なら」という仮定文とも縁が深い。

【解説】

Ⅰ

使役の言い方は、主に次の五種である。Aは名詞句、Bは動詞句が入る。（　）内は省略可能。

① **使**AB　AをしてBせしむ
② **令**AB　AをしてBせしむ
③ **教**AB　AをしてBせしむ
④ **遣**AB　Aを遣はしてBせしむ
⑤ ■AB　Aに（を）■してBせしむ

右の①〜③の「使」「令」「教」は、本来はそれぞれ「使う」「命令する」「教える」という意味の動詞である。が、使役文の時は、動詞の意味が薄れ、単に「〜させる」という意味の助動詞になる。

日本の漢文訓読の約束事では、原漢文の漢字を日本語の助動詞として読む場合、書き下し文ではその漢字を平仮名に開く。例えば「使AB」は「AをしてBせ使む」とは書かない。「せしむ」は、サ変動詞「す」＋使役の助動詞「しむ」。また使役の意味であることを明確にするため、「AをBせしむ」ではなく「AをしてBせしむ」と読む。これは純粋に日本語側の都合である。

「使AB」の名詞句Aは、「使」の目的語（〜を）であると同事に、動詞句B（〜する）の主語でもある。主語と目的語を兼ねる語句を含む構造の文を「兼語文」と言う。存現文と同様、使役文にも、兼語文が多い。

ただし、使役文は必ず兼語文とは限らない。「使AB」のAを省略し、「使B」（Bせしむ）とだけ書いてもよい。

Ⅱ

④の「遣」は、本来の動詞としての意味「派遣する」を残しており、単なる「〜させる」ではないため、助動詞で

なく動詞に分類する。

遣使還告　（『法華経』寿量品《じゅりょうほん》）

は、訓読は「使ひを遣《つか》はして還《かへ》りて告げしむ」、訳は「使者を派遣して、（実家に）帰って（留守番の家族に）告げさせた」。

⑤の「■」は、人に何らかの動作を促すような意味合いの一般動詞が入る。例えば「招く」「召す」「呼ぶ」「請ふ」「戒む」「勧む」など。その場合、使役の意味になるかどうかは、前後の文脈により、ケースバイケースで決まる。

原漢文は使役でなくても、劇的な効果を出すため、訓読では使役に読む場合もある。

遂成豎子之名　（『史記』孫子呉起列伝）

は、兵法の大家・孫子（孫武）のライバル・龐涓《ほうけん》が、孫子に負けて自決したときに吐いた捨てゼリフである。文法的に忠実な訓読は「遂に豎子《じゅし》の名を成す」（とうとうあの小僧の名を挙げた）。だが、伝統的な訓読では、「遂に豎子の名を成さしむ」（とうとう、あの小僧に名を成さしめたか）と、使役的に読む。これは漢文法というより、日本語のレトリックの問題である。「豎子」は「孺子《じゅし》」（第十三課・例文）に同じ。

Ⅲ

「使」は、「人」に「吏」（下級の役人）と書き、本来の意味は「使いの者」「仕える人」という意味の名詞。転じて、「使ふ」（使う。使役する）意の動詞や、「使ひす」（使者として赴く）という動詞が派生した。

使民以時　（『論語』学而）

は、訓読は「民を使ふに時を以てす」。国が人民を動員して使役するときは、農繁期を避けたり、酷寒や猛暑の季節を避けるなど、適切な時期を選ぶという配慮が必要だ、の意。

この具体的な「使う」という意味が抽象化し、「〜させる」という使役の助動詞が生まれた。

例文㈠「使人言」は、まだ「人間を使者として派遣してメッセージを言わせる」という、動詞「使」のニュアンスが少し残っているものの、全体としては「人に言わせる」という使役の意味が勝る。その一方、早い段階から「使う」という動詞の意味がうすれ、純粋に「〜させる」という意味の助動詞として使っている例も多い。

子曰雍也可使南面　（『論語』雍也）

訓読は「子曰く『雍《よう》や南面せしむべし』と」。訳は「先生は言われた『雍（孔子の弟子の名前）は南面させてもよい』」。この「先生」は孔子を指す。昔の東洋の礼儀作法では、地位の高い指導的立場の人間は、南に向かって座った。

この「雍也可使南面」は一種の倒置法的な言い方である。通常の兼語文的な「使ＡＢ」の語順では「可使雍南面」（雍をして南面せしむべし）となる。孔子は、「雍」を主題として強調するため、「Ａ！ 使Ｂ」という変則的な語順にした（Ａは雍。「！」は助詞「也」）。

この「〜させる」という使役の意味をさらに抽象化し、「もし現状を、こんなふうに変化させたら？」という発想で、使役の助動詞「使」「令」を「もし〜」という仮定文で使うことも多い。仮定文については、第十八課参照。

Ⅳ

「令」は、三角形（△）の屋根の下でひざまづく人を描いた会意文字。字音レイは、清らかでなめらか、クール、美しいという語感を示す。クールな「冷」、美しい宝石「玲」、なめらかに鳴る「鈴」、等の漢字とも縁が深い。

「令」の基本義は、天からくだる清らかな「命令」。転じて、動詞「令す」（上役が命令や指令を出す）、名詞「令」（司令官、指令、法令）、使役の助動詞「令〜」（〜させる）が派生した。形容詞「令〜」は、清らかで、上品、クールというイメージ（「令嬢」「令室」「令色」など）。

例文㈡「五色令人目盲」の直訳は「華美な色は人の目を見えなくさせる」。原漢文は使役だが、現代語訳は「華美な色のせいで、人の目は見えなくなってしまう」のように訳すと、わかりやすい。人は、贅沢の欲望に目がくらむと、目の前の幸せを見失う。無為自然の質素な生活を送り、日常の小さな幸せに感謝する心を持てば、平和と満足感が得られる、と老子は主張する。

Ⅳ

「教」は、本来は「教ふ」（教える）という動詞、あるいは「教へ」（教え）という名詞。転じて「〜させる」という助動詞にもなる。

漢字の「平仄」で言うと、「使」「令」は仄字だが、「教」は平字である。「教」が普及した一因は、漢詩の「平仄」にある（詳しくは十九頁参照）。

例文㈢「玉人何処教吹簫」は、有名な七言絶句の一句。

「玉人」は宝石のような美女。「何処」は「いづく（どこ）」。秋の月夜、町のどこからか、風に乗って、かすかな簫《しょう》の音が聞こえてくる。きっと薄倖の美女が、笛を吹かせられているのであろう。吹きたくて、吹いているのでは、あるまい。なんと悲しげなメロディーではないか。……そんな神韻縹渺たる趣の詩である。

　この「教吹簫」については、「簫を吹かしむ」と使役に解釈する説と、「簫を吹くを教ふ」と動詞に解釈する説の二つがある。

　動詞「教ふ」説だと、笛の曲は、音楽教室的な練習曲になる。しかも下手な生徒の笛の音も混じるだろう。詩の繊細な雰囲気は、一挙に壊れる。しかし、詳述は省くが、漢詩の平仄配列のルールから言うと、「教ふ」説のほうが少し有利になる。両説とも、一長一短がある。

　プロの学者の間でも漢文の解釈の見解が分かれ、論争が続いている実例の一つでもある。

　もし「簫を吹かしむ」という使役なら、『論語』の「雍也可使南面」と同様、「何処教玉人吹簫」の倒置法的な表現ということになる。また、日本語の感覚では、使役にプラスして「吹かしめらる」と、受身の助動詞「らる」を付加したほうが、訓読に深みがでる。

平仄《ひょうそく》の表示のしかた

漢字の古典中国語の字音のアクセントは、平・上・去・入の四種類（四《し》声《せい》）である。「平」以外（上・去・入）のアクセントをまとめて「仄《そく》」と言う。

　昔の漢文で、ある漢字のアクセントを示す必要がある場合は、漢字の四隅のうちの一カ所に小さな白丸（朱筆で書く場合は朱点）を書いて示した。左下の隅が「平」、左上の隅が「上」、右上の隅が「去」、右下の隅が「入」、と時計回りの順である。

　例えば「為」という漢字の左下の隅に点があれば、「平」に読むので動詞（「なス」「つくル」「たリ」）。右上の隅に点があれば、「去」（仄の一つ）なので前置詞（ためニ）となる。昔の漢文の写本や、漢和辞典では、ときどきこのような伝統的な平仄表示法を見かける。

【練習問題】次の漢文は、いわゆる「虎の威を借る狐」の故事の一部で、狐が虎に向かって言うセリフである。書き下し文に直し、意味を解釈せよ。

天帝使我長百獣（『戦国策』）

【解答】

「使ＡＢ」Ａをして B せしむ、という句型にあてはめて考えるとよい。Ａ（目的語）は「我」だが、Ｂ（動詞句）が「長百獣」であることは、難しいかもしれない。「長」は「長い」という形容詞や、「おさ」（首長）という名詞、「長ず」（成長する、〜を得意とする）という動詞など、さまざまな意味があるが、この場合は「首長となる」という意味の動詞で、「百獣に長たらしむ」と読む。

書き下し文は、

天帝、我をして百獣に長たらしむ。

意味は、

天の神さまは、私を、百獣の首長になさいました。

これは、狐が虎につかまったとき、狐がついたウソである。狐は「わたしは、天の神さまから百獣の首長に任じられているのです。だからあなたは、わたしを食べてはいけません。ウソだとお思いなら、私のあとについてきてください。動物たちはみな、わたしを見て、恐れて逃げますから」。虎は、狐のあとについて、森の中を歩いてみた。動物たちは、虎の姿を見て逃げた。虎はてっきり、動物たちは狐を恐れているのだと思い、狐の言葉を信じてしまった。

第十七課◆受身の文

(一) 屢憎於人

(二) 事覚被殺

(三) 身為宋国笑

『論語』公冶長《こうやちょう》
屢しば人に憎まる。
シバシバ、ヒトにニクまる。

『後漢書』竇融《とうゆう》列伝
事、覚して殺さる。
コト、カクしてコロさる。

『韓非子』五蠹《ごと》
身は宋国の笑ひと為る。
ミはソウコクのワラいとナる。

【ポイント】

「誰それに」よって「何々」される、という言い方を、文法用語では「受動態」（対語は「能動態」）とか「受身」などと呼ぶ。

漢文の受身には、いろいろな言い方がある。「受け手の、無念の悔しさの度合い」や「受け手がこうむる影響の深刻度」のニュアンスの違いに応じて、微妙に使い分けるためである。

【解説】

I

「A（人などを指す名詞）によってB（動詞）される」という意味の漢文は、以下のさまざまな書き方ができる。それぞれニュアンスが違う。

① **B於A**　AにBさる

② **見B（於A）**（Aに）Bさる

③ **被B（於A）**（Aに）Bさる

④ **為AB**　AにBさる（AのBと為る）

⑤ **為A所B**　AのBする所と為る

初心者はまず、右の五種を「句型」として丸暗記すると良い。

例えば、能動態の漢文「殺人」（人を殺す）を受身に直すと、「殺於人」「見殺於人」「被殺於人」「為人殺」（訓読はどれも「人に殺さる」）、「為人所殺」（人の殺す所と為る）となる。

なお、日本語「る」「らる」は助動詞なので、書き下し文では平仮名で書く（「殺さ見」「殺さ被」ではなく、「殺さる」と書く）。

II

句型①「B於A」は、簡潔を尊ぶ漢文の美意識に合致した言い方だが、曖昧さが残るという欠点もある。例えば、もし、

行刑罰於国

という漢文があれば、通常の能動態の漢文として「刑罰を国に行ふ」（刑罰を国内で適切に施行する）と読む。しかし、

刑罰行於国　（『礼記』聘義《へいぎ》）

なら「刑罰、国に行はる」（刑罰が国内で適切に施行される）と受身になる。

一般に、漢語の動詞は、自動詞と他動詞、能動と受身の区別が曖昧で、同一形の動詞がコインの両面のように両方の意味をもつ。例えば日本語では「生む」と「生まれる」は別の語だが、漢語では「生」一語である。動詞「生」は、目的語の有無など前後の文脈によって、「生む」にも「生まる」（生まれる）にもなる。

動詞「行」も、「〜を行う」という他動詞と「〜が行われる状態になる」という自動詞的ニュアンスというコインの両面をもつ。そのため、簡素な句型①「B於A」でも受身の文を作れるのだ。

例文㈠の「屢憎於人」は、（人生を器用に生きる人間は）しばしば他人から憎まれる、という意味。「憎於人」の逐語訳は、「憎」（憎悪の念がわく）＋「於」（〜において）＋「人」、で、結果的に受身の意味になる。

「B於A」は簡潔だが、通常の能動態の「B於A」（AにBす。AでBという行為をする）との区別が曖昧になるのが、難点である。

そこで、句法②〜⑤までの、受身であることを明示するさまざまな言い方が生まれた。

Ⅲ

句法②「見B（於A）」の「見」は、本来は「見る」という動詞である。「自分はなにもできず、ただ自分の運命を傍観して〜という憂き目を見る」という発想から、受身の助動詞としても使う。

例えば「見笑」（訓読は「笑はる」）は、「他人が自分を嘲笑する、という憂き目を見る」→「嘲笑される」という意味になる。

見笑於大方之家 （『荘子』秋水）

は、「大方《たいほう》の家《か》に笑はる」（見識を備えた人に、笑われる）。

「被」は、本来は「被服」の被で、「（衣服や帽子などを身に）被《かふむ》る」という意味の動詞。「他人からの行為を、身にかぶる」という発想から、「〜される」意の受身の助動詞にもなる。

例えば、漢語「被害」は、被を（能動態の）動詞として「害を被る」（ガイをコウムる）と訓読しても、助動詞として「害さる」と読んでも、意味は同じ。

なお日本語では、古語「被る（かがふる）」→「かうぶる」（読みはコーブル）→「こうむる」および「かぶる（かむる）」と変化してきた。

例文㈡「事覚被殺」は、事が発覚して殺された、の意。

Ⅳ

「～になる」という意味の自動詞「為」を使って、「為＋AB」で、「（自分に関係なく）AがBする、という状況になる」→「AにBされる」という受身を表すことができる。

例文㈢は、「株を守る」（守株待兎）という故事成語の原話の一文。昔、宋の国の男が、野ウサギが木の切り株にぶつかって死んだのを見た。男は、今後も同じ偶然が起きて、ウサギの肉が手に入ることを期待し、仕事もせずに切り株を見守り続けた。もちろん、そんな偶然の幸運は二度と起きず、その身は宋の国中の笑いものになった（＝国中で笑われた）。

この動詞「為」は、「（～という羽目に）なる」という発想から転じて、実際は受身を表している。「為宋国笑」の「宋国」（「笑」の主語）を略して「為笑」（受動態）と書いた場合は、漢文訓読では「笑ひと為る」と読んでもよいし、「笑はる」と読んでもよい。

句型「為AB」にも、まだ曖昧さが残る。どこまでがA（名詞）で、どこからがB（動詞）か。「為宋国笑」は、「宋国」は有名な固有名詞だから、「為」「宋国」「笑」と明確に切れる。しかし、常にそうとは限らない。

そこで生まれたのが、受身の句型の決定版とも言うべき句型⑤「為A所B」である。

Ⅴ

「所」は、本来「ところ」という名詞である。転じて、動詞の前に置き、動詞を名詞化する接頭語（助詞の一種）にもなる。「所＋動詞」は「（その）～する（される）ところのもの（物・事・人）」「（その）～する（された）対象」「（その）～する（された）範囲」という意味になる（百六十九頁参照）。

例えば「所感」（感ずる所）、「所得」（得る所。収入）、「所信」（信ずる所）、「所行」（行ふ所。行い）、「所見」（見る所）などは、そのまま日本語でも使う。また「所謂」（謂ふ所）は「いはゆる」（いわゆる）、「所以」（以てする所）は「ゆゑん」（ゆえん）のように、熟語化した語彙もある。

「所＋動詞」の句形は、能動か受身か、自動詞か他動詞か、区別が曖昧になるので要注意である。

　例えば「所生」という熟語の意味を辞書で引くと、「(生みの)親」の意味と、「(実の)子」の意味の二つがある。親と子は、正反対の意味で、日本人には奇妙な感じがする。しかし前述のとおり、動詞「生」は、自動詞にも他動詞にもなる。「(子を)生む所」なら親の意味だが、「生まるる所」なら子の意味になる。どちらの意味かは、前後の文脈を見ないと判断できない。

　さて、この特殊な接頭語「所」は、実は指示詞「斯」(シ。これ、この)や「之」(シ。これ、この、の)と、音や意味の上で縁が深い。

　指示詞「斯」を名詞の前につけると、「斯人」(この人)、「斯文」(この文)、「斯界」(この界)など、やや気取った表現になる。接頭語「所」も、動詞の前につくと、やや気取った語感になる。

　例えば、前出の「為宋国笑」を、

　為宋国之笑　(宋国の笑ひと為る)

　為宋国所笑　(宋国の笑ふ所と為る)

と書き換えてみると、「所」と「之」の隠れた類似性がわかる。両者をつけて、

　為宋国之所笑　(宋国の笑ふ所と為る)

と書いてもよい。

　漢文の「所」は、英語の関係詞と意味用法が少し似ているが、語順は違うので要注意である。英語は「関係詞＋(主語＋動詞)」だが、漢文は「(主語＋)所＋動詞」で、これは「主語＋之＋動詞(名詞化)」と同じ語順になる。「為宋国所笑」という語順にはなるが、「為所宋国笑」という語順にはならない(百六十九―百七十頁参照)。

【練習問題】 次の漢文を書き下し文に直し、意味を解釈せよ。

吾聞先即制人後則為人所制 （『史記』項羽本紀）

【解答】

まず、区切ってみよう。接続詞「即」と「則」や、反意語「先」「後」の存在に着目すると、

吾聞
｛先即　制人
｛後則　為人所制

と区切ることができる。まず「先後」の対比に注目する。これは副詞「先づ（まず）」「後に」か、動詞「先んず」「後《おく》る（おくれる）」か、名詞「先」「後」か。「後則」の「則」は、いわゆる「レバ則」なので、「後るれば則ち」と読むことにすると、その対になる「先即」も「先んずれば即ち」と読みたくなる。

「先即制人」は、第九課「接続詞」の例文として学習済み。「為人所制」は、受身の句形「為A所B」に照らしあわせると、「人の制する所と為る」と読める。

結局、訓読の書き下し文は、

吾聞く「先んずれば即ち人を制し、後るれば則ち人の制する所と為る」と。

直訳は「私は聞いてます。先手を打てば即座に他人を制御できる、後手に回れば他人に制御される、ということになる」。意訳すると、次のようになる。

「先手を打てば、主導権を握れる。後手に回ると、主導権を握られてしまう」と、聞いております。

第十八課◆条件文

㈠ 水清無大魚

㈡ 不憤不啓

㈢ 学若無成不復還

『後漢書』班超伝
水清ければ大魚無し。
ミズ、キヨければタイギョナし。

『論語』述而《じゅつじ》
憤せずんば啓せず。
フンせずんばケイせず。

釈月性「題壁」
学、若し成る無くんば復た還らず。
ガク、モしナるナくんばマたカエらず。

【ポイント】

「～なので（理由）、～だ（結論）」、「もし～ならば（仮定）、～だ（結論）」など、理由や仮定の条件を掲げ、その条件のもとでの結論を述べる文を「条件式の文」ないし「条件文」と呼ぶ。漢文の条件文は、①条件文特有の単語（若シ、則チ、等）を使い条件文であることが明白な文、②条件文特有の単語を使わず一見すると単純な「事実文」のように見える文、の二種類がある。

【解説】

I

漢文では、事実文なのか条件文なのか、しばしば判断に迷う文が多い。

例文㈠「水清無大魚」を直訳すると「水が澄んでいる。大きな魚はいない」。もし、状況をありのままに述べた事実文なら、訓読は「水清く、大魚無し」となり、訳は「水はきれいで（事実）、大きな魚はいない（事実）」。もし条件文なら、訓読は「水清ければ大魚無し」となり、訳は「水がきれいだと（仮定条件）大きな魚はいない（結論）」。

実は、この文は有名なことわざである。意味は「あまりに清廉すぎる上司は、かえって部下から敬遠され、孤立する。上司が、清濁あわせのむ寛容さを持たねば、大物の人材は集まらない」。

日本語の古文法では、仮定は「未然形＋ば」、確定条件は「已然形＋ば」で表す。「水が清らかならば（仮定）」は、古文では「水清くば」ないし「水清からば」となる。「水が清らかなので（確定条件）」は、古文では「水清ければ～」となる。ただし漢文訓読の書き下し文は、純粋な古文法と違い、「水清ければ」でも仮定の意味を表すことができる（現代日本語「水が清ければ」が仮定の意味であるのと、同じ）。

条件文「水清無大魚」の訓読は、古文法としては「水清くば大魚無し」か「水清からば大魚無し」となる。しかし漢文訓読の慣例では、「水清ければ大魚無し」でもよく、実際、この読み方が最も普及している。

「水清無大魚」が条件文であることを明示したければ、条件文専用の単語を付加して、例えば、

水清則無大魚　水清ければ則ち大魚無し

のように書けば「水が清らかだと、大きな魚がいないということになる」の意になり、条件文であることが明白にな

る。しかし、漢文の美意識は簡潔を尊ぶため、実際には「水清無大魚」のように、条件文も事実文と同じスタイルで書かれることが多い。

II

否定を重ねると、しばしば条件文になる。

英語でも、例えば「no rain, no rainbow」は、「雨も降らない、虹も見えない」という否定の単純並列なのか、それとも「雨が降らないと、虹は見えない」という条件文なのか、どちらなのかは、前後の文脈を見ないとわからない（実際は条件文で、「苦労すれば、それなりのいい結果が出る」という比喩）。

例文(二)「不憤不啓」は、「不憤」（憤激の感情をもたない）と、「不啓」（パッと開かない。啓発しない）という、二つの否定句が並んでいる。これは「憤激の感情をもたないし、啓発もしない」という並列なのか、それとも「（もし生徒が）憤激の感情をもたねば、（教師は生徒を）啓発できない」という条件文なのか。『論語』の原文の前後の文脈を見ると、条件文であることがわかる。

同じ「不〜不〜」でも、例えば、

不生不滅　（『般若波羅密多心経』）

は、前後の文脈から見て、「生ぜず、滅せず」という否定の並列である。「生ざれば滅せず」という条件文ではない。

不憤不啓　（条件文）

不生不滅　（事実文＝否定の並列）

は外見上区別しがたいが、もしそれぞれを、

若不憤則不啓　（若し憤せずんば則ち啓せず）

不生又不滅　（生ぜず、又、滅せず）

のように書き直せば、冗長にはなるが、意味は明白になる。

III

条件文であることを明示する単語には、以下のようなものがある。

① スナワチ系…**則・即**
② モシ系…**若・如**
③ イヤシクモ…**苟**
④ 使役系…**使**、**令**、**仮令**
⑤ 譲歩系…**雖**、**縦**、**縦令**

⑥ 抑揚系…**況**、**況於**、**況乎**

⑦ ナカリセバ…**微**

① 「**則**」「**即**」は、ともに字音はソク、字訓は「すなはチ」である。

学而不思則罔　（『論語』為政）

は、訓読は「学びて思はざれば則ち罔《くら》し」、意味は「知識を学んでも、自分で考えなければ（仮定）、はっきりわからない（結論）」。この「則」は通称「レバ則」とも呼ぶ（八十頁参照）。

「即」は普通は「すなはチ」と訓じ、「即座に～」の意だが、ごくまれに「もシ」と訓じて「もしも～」という仮定の意味になる。例えば、

吾即没若必師之　（『史記』孔子世家）

は、「吾即ち没す」（私は即座に死ぬ）ではなく、訓読は「吾、即《も》し没せば、若《なんぢ》、必ず之を師とせよ」、意味は「私がもし死んだら、おまえは必ずこの人（孔子）を師としなさい」である。

② 「**若～**」「**如～**」は、仮定文の「王道」的な言い方である。「若」「如」の字音は近音で、字義も近い。「若～」も「如～」も、本来「～のゴトし」（～のようである）という意味の動詞である。転じて、「～と同等である」（否定形の「不如～」「不若～」は、「～にシかず」、つまり「～には及ばない」「～に越したことはない」の意になる）の意の動詞になるほか、「～のようであるようにするなら」という発想から、「もし～なら」という接続詞としても使われる（百六十六頁、百六十三頁参照）。

例文㈢「学若無成不復還」は、「（私は勉学のため、これから故郷を離れて遊学するが）学問がもし完成しなかったら、（故郷には）二度と戻らない」という覚悟を述べた漢詩の一句。

最後の「不復還」は、「不＋副詞（復）＋動詞」で「二度と戻らない」の意。もし「復不還」という語順なら、「戻らない、ということが二度ある」→「二度、戻らない」という意味に変わる。

③ 「**苟～**」は「いやシクモ～（ば）」と訓じ、意味は「かりそめにも～ならば」という強い仮定。現代日本語の「いやしくも～」とは、意味用法にずれがあるので注意。

苟有過人必知之　（『論語』述而）

は、訓読は「苟も過ち有れば（有らば）、人必ず之を知る」。意味は「もし、少しでもあやまちがあれば、人がきっと気づいてくれる」。

④使役の助動詞「**使**～」「**令**～」も、「～させるならば」という状況設定の仮定になりやすい。

但使主人能酔客
不知何処是他郷　（李白「客中行」）

訓読は「但《た》だ主人をして能く客を酔はしむれば、知らず何処ぞ是れ他郷」、意味は「ただ（滞在先の）主人が、（もし）客（である私）を酔わせてくれるなら、どこにいても他郷にいると感じられない。故郷にいるのと同じようにくつろげる」。

副詞「仮～」（仮に～）を付けて「仮令～」とすると、「仮命《たとひ》～」という譲歩系（次項）になる。

⑤「**雖**～」は「～と雖《いへど》も」（～ではあっても）、「**縦**～」「**縦令**～」は「縦《たと》ひ～」「縦令《たとひ》～」（たとえ～であっても）という譲歩の意味を示す。

雖百世可知也　（『論語』為政）

は、訓読は「百世と雖も知るべきなり」、意味は「百世代先の未来のことであっても、予測できる」。

⑥「況～」については、接続詞のところでも簡単に触れたが、「A且（尚・猶）B、況C乎」（AでさえBだ。ましてCは言うまでもない）という「抑揚」の文を示す。例文は七十六頁参照。

⑦「微～」は四十九頁参照。

【練習問題】 右の漢文を書き下し文に直し、意味を解釈せよ。

予縦不得大葬予死於道路乎　（『論語』子罕）

【解説】

「予」は、気取った一人称。字音で「ヨ」と読んでも、字訓で「われ」と読んでも、どちらでもよい。

「縦〜」は「たとヒ〜」という譲歩の仮定。

書き下し文は、

「予、縦ひ大葬を得ずとも、予、道路に死なんや」

意味は「私（ここでは孔子）は、たとえ立派な葬儀はしてもらえないにせよ、まさか、道路で野垂れ死にすることはあるまい」。

孔子が病気になり、危篤になった。孔子の弟子の子路は、万一の場合にそなえ、門人達を家臣に仕立てあげ、立派な葬儀ができるようにした。幸い、孔子は死ななかった。孔子は子路に向かって、自分には家臣などいないのに、いつわりまでして立派な葬式を出す必要はないこと、弟子たちに囲まれて死ねれば充分幸せであることを述べ、「予、縦ひ大葬を得ずとも、予、道路に死なんや」と言った。

第十九課◆敬語表現

㈠ 子曰君子不器

㈡ 再拝奉大将軍足下

㈢ 太祖崩

『論語』為政
子曰く、君子は器ならず。
シイワく、クンシはウツワならず。

『史記』項羽本紀
再拝して大将軍の足下に奉ず
サイハイしてダイショウグンのソッカにホウず

『三国志』魏書
太祖、崩ず。
タイソ、ホウず。

【ポイント】

日本語の敬語は、尊敬語・謙譲語・丁寧語の三種類からなる。漢文は、身分の上下に敏感な儒教の影響もあり、尊敬語と謙譲語は発達している。その一方、漢文には「です」「ます」にあたる助動詞がないため、丁寧語は少ない。

【解説】

I

漢文は、古来、敬語および敬語的表現が豊富である。敬語の表し方は、

A　語彙　敬語専用の単語を使う、など

B　修辞　婉曲で上品な言い回しをする、など

C　書式　相手の名前を行頭に書く、など

の三種類である。この三種類は、しばしば複合的にあらわれる。

敬語には、「～なさる」と相手を敬う尊敬語、「～し申し上げる」と自分がへりくだる謙譲語、「～です」と聞き手（読み手）を敬う丁寧語の三つがある。漢文には「です」「ます」「ございます」にあたる語彙がなく、丁寧語は少ない。その代わり、漢文では、儒教的な身分の上下関係を反映した尊敬語と謙譲語の表現は、豊富である。

II

第二課「代名詞」でも述べたように、漢文の人称は、敬語と密接に連動している。

一人称については、男女共用の「我」のほか、朕《ちん》（皇帝専用の自己尊敬語）、余・予（一般人の自己尊敬語）、僕（男性一般の謙譲語）、妾（わらは。ワラワと読む。女性一般の謙譲語）、寡人《かじん》（諸侯専用の謙譲語）など、豊富である。

二人称については、爾・汝・若など「なんぢ」は「おまえ」の意になるが、「君」（「僕」の対語）、「子」は敬意をこめた二人称である。

三人称は、漢文では原則として尊敬する相手には使わず、しかるべき具体的な呼称で書かないと失礼になる。

右の中でも重要な単語は「子」である。

子は「小さい子」を描いた漢字で、本来は「こども」「植物のたね」「動物のたまご」などを指した。転じて「む

すこ」「立派に成人した男子」、さらに「(立派な男子である) きみ」(二人称の尊敬語)、「(立派な) 先生」などの意味も派生した。

「孔子」「孟子」の「子」は、「先生」の意味である。

例文㈠「子曰君子不器」は、意味は「先生は言われた。『君子は、器ではない (君子は器用貧乏であってはならない)』と」。

漢文の「曰」は、「言う」という意味の動詞である。「言ふ」「謂ふ」「云ふ」「語る」「話す」などの類義語と違い、曰は、後ろに直接話法的なセリフ (「」でくくられるナマのセリフなど) が来ることが多い。

日本語の敬語では「先生は~言われた」のように、動詞部分も尊敬語にする。漢文の感覚では、「子」という表現に充分敬意をこめてあるので、「曰」の部分はそのままである。

江戸時代には、幕府が孔子を聖人として特別扱いした関係もあり、孔子の言葉である場合に限り「曰」を「のたまハク」(ノタマワク) と読む、という慣例があった。日本語の古語「のたまふ」は、「おっしゃる」という意味の尊敬語である。明治以降、漢文訓読における孔子の特別扱いはなくなり、『論語』の「子曰」も、他の諸子百家同様、「シ、イワく」と読まれるようになった。

Ⅲ

漢文では、相手に対する敬称も発達している。例えば、

足下　相手の足もと
閣下　相手の「高くて立派な建物」のした
殿下　相手の「御殿」のした
陛下　相手の「皇宮のきざはし」のした

は、いずれも「相手を直接に指すのは恐れおおい」という発想の敬称。手紙や書簡文で、「机下《きか》」と書くのと同様の感覚である。相手との距離感が遠大になるほど敬意が高まる。

皇帝陛下、皇太子殿下、大臣閣下、は特別な相手だが、「足下」は普通に使われる敬語である。

この他、高僧専用の「猊下《げいか》」という敬称もある。猊は「小さな獅子」の意で、仏の座を「猊座」と呼ぶことからの敬称である。

例文㈡「再拝奉大将軍足下」は、漢の劉邦の臣下である張良 (第三課参照) が、楚の項羽を訪問し、贈り物を献じ

たときの口上。劉邦と項羽は天下を争ったライバルだが、当時は項羽の勢力のほうが強大だった。「再拝」は「二度拝む」の意で、「頓首」（トンシュ。地べたに頭をすりつけて拝む）と同様、相手への敬意を示す決まり文句。「大将軍」「足下」は、項羽への敬称。

他人に物を「与える」という意味の動詞も、漢文では身分関係に応じて使い分ける。

目上から目下へ　…賜（たまフ）
対等の相手　　　…贈（おくル）・与（あたフ）
目下から目上へ　…献（けんズ）・奉（たてまつル）

Ⅳ

過去の中国では、皇帝に関する用語が発達していた。それらは漢文を通じて、日本語にも輸入された。

漢文の「御《ぎょ》」は、本来「制御する」「統御する」という意味の動詞だが、転じて皇帝が統御するモノやコトにつける形容詞にもなった。「御苑」は皇帝の庭園、「御製」は皇帝の作品。日本語の「御手洗い」「御便り」「御説明」のように、皇帝への敬意と無関係に「御」を敬語として使うのは日本語独特の用法で、漢文の「御」にそのような意味はない。

「死ぬ」という語も、漢文では細かく使い分ける。儒教の古典『礼記』曲礼篇《きょくらい》によれば、天子の死は「崩」、諸侯の死は「薨」、大夫の死は「卒」、士の死は「不禄《ふろく》」、庶人の死は「死」と呼ぶ、と規定されている。

㈢「太祖崩」は、『三国志』の曹操の死について書いた一文である。後漢の滅亡後、天下は魏・呉・蜀の三つに分裂した。西洋的な考えでは、皇帝は天下に何人いてもかまわないが、儒教的な考えでは、正統な「天子」は一人だけである。

晋の陳寿が書いた正史『三国志』は、晋が魏の後継国家である関係上、魏の太祖（曹操）を皇帝と認定し、その死を「崩ず」（崩御した）という皇帝専用の敬語で表現した。呉と蜀の君主は、皇帝と認定されなかった。

『三国志』では、呉の君主の死去は「薨ず」という、通常の貴人の死の表現が用いられた。一方、蜀の劉備の死については「殂《そ》す」という特殊な単語が使われた。

「殂」は、天子の死を意味する「殂落」の意で、「崩御」と同格だが、「崩御」ほど一般的ではない。陳寿は晋王朝に仕えた歴史家だが、出身地は蜀で、劉備に強い思い入れを持っていた。そこで陳寿はギリギリの表現で、劉備が本当は皇帝と同格であることを、さりげなく書いたのである。晋王朝も、これを黙認した。

この他「避諱（ひき）」と言って、現王朝の歴代皇帝の「諱」（いみな。個人名）の漢字を書くことは禁じられた。例えば、清の乾隆帝の諱は「弘曆」だったため、中国人は清末まで「弘」「曆」を書けず、それぞれ「宏」「歴」と書き換えた。一方、日本は独立国だったので、日本漢文では「弘」「曆」を堂々と使った。「避諱」は、漢文の執筆地域や年代を推定する材料にもなる。

明治時代、日本の嘉納治五郎は清国からの留学生のために「弘文学院」を開いたが、留学生が「弘の字は使えません」と怖がったため、「宏文学院」と改称せざるを得なかった。

V

この他、漢文の書簡文や公式文書では、尊敬を示すべき単語については、

① 闕字《けつじ》　単語の前に空白をあける
② 平出　直前で改行し、行頭にくるようにする
③ 擡頭《たいとう》　改行した上で、他の行より高く書く。敬意の段階に応じて「一字擡頭」「二字擡頭」などの格付けがある。

など、独特の書式を用いることが多い。

【練習問題】 次は、元のフビライが鎌倉時代の日本に送ってきた国書（いわゆる「蒙古国牒状」）の冒頭部である。傍線部分の単語について、敬意の上下関係を説明せよ。

上天眷命
大蒙古国皇帝奉書
日本国王朕惟自古小国之君
境土相接尚務講信修睦況我
祖宗受天明命奄有区夏遐方異
域畏威懐徳者不可悉数朕即（以下略）

【解説】

「上天」（全世界の神）と「大蒙古国皇帝」（フビライのこと）と「祖宗」（祖は初代の君主、宗は歴代の君主）は「一字擡頭」で敬意が払われている。「日本国王」への敬意はそれらより一段落ちるが、「平出」で処理され、また「奉」という謙譲語が使われるなど、一定の敬意が払われている。

（参考・訓読）上天の眷命《けんめい》せる大蒙古国皇帝、書を日本国王に奉る。朕、惟《おも》ふに、古《いにしへ》より小国の君も境土相接すれば尚ほ務めて信を講じ睦《ぼく》を修む。況《いは》んや、我が祖宗、天の明命を受け、区夏を奄有《えんゆう》す。遐方《かほう》異域の威を畏れ徳に懐《なつ》く者、悉《ことごと》くは数ふべからず。朕、即（位の初め…以下略）。

（参考・訳）上天の慈愛にめぐまれている大蒙古国の皇帝が、書簡を、日本国王にさしあげる。朕が思うに、昔から小国の王でさえ国境が接する隣国とは友好に力を入れるものだ。まして朕の祖宗は、天の明らかなる命を受けて世界を所有し、遠方の異国でわが大帝国の威を畏れ徳を慕うものは数え切れない。朕が即（位した当初…）

第二十課◆管到と仮借

(一) 君子欲訥於言而敏於行

(二) 子曰詩三百一言以蔽之曰思無邪

(三) 山青花欲然

『論語』里仁《りじん》
君子は言に訥にして行に敏ならんと欲す。
クンシはゲンにトツにしてコウにビンならんとホッす。

『論語』為政《いせい》
子曰く「詩三百、一言以て之を蔽へば、曰く『思ひ邪無し』」と。
シ、イワく「シサンビャク、イチゴン、モッてコレをオオえば、イワく『オモいヨコシマナし』」と。

杜甫「絶句」
山青くして花然えんと欲す。
ヤマアオくしてハナモえんとホッす。

【ポイント】

本章では漢文読解のための補足を述べる。

「管到」とは、ある語句がそのあとのどの漢字までかかっているか、という範囲のことである。白文の読解では、それぞれの漢字の意味や品詞を自分で考え、その漢字が後ろのどこまでかかっているか、考えねばならない。

漢文の漢字は、しばしば「仮借」「増筆文字」「省字（減筆文字）」など変則的な使われかたをするので、要注意である。

【解説】

Ⅰ

漢文の品詞のうち、特に動詞・助動詞・否定語の管到は、しばしば曖昧になりがちなので、要注意である。例文(一)「君子欲訥於言而敏於行」の動詞「欲」（欲す）の管到は、どこまでか。可能性としては、次の二つが考えられる。

① 君子欲訥於言而敏於行　（七字）

② 君子欲訥於言而敏於行　（三字）

右の①の訓読は例文どおりで、意味は「君子は、口は訥弁でも行動は敏捷でありたいと願う」。②のように解釈するなら、訓読は「君子は言に訥ならんと欲するも、行に敏なり」、意味は「君子は口は訥弁でありたいと願うが、行動は敏捷だ」。

動詞「欲」の管到（この場合は「どこまでが『欲』の目的語になっているか」と考えるのと同じ）は、①と②のどちらに解釈するのが自然だろうか？

分析的な改行表記を施すと、

君子欲 ┌ 訥於言
　　　 └ 而敏於行

となる。「訥於言」と「敏於行」は、対等の並列構造になっている。動詞「欲」は、「訥於言」と「敏於行」の双方とも目的語として取っている、という①の解釈が自然である。

Ⅱ

漢文は簡潔を尊ぶが、たまに、非常に長い文もある。例えば、使役の助動詞「使」も、「使ＡＢ」（ＡをしてＢせしむ）のＡとＢが、合計数十字に及ぶ場合もある。

次の白文は、孟子が、戦国時代の王に、仁政を施すことをすすめる言葉である。「使」の管到はどこまでか。ちょっと考えてみていただきたい。

今王発政施仁使天下仕者皆欲立於王之朝耕者皆欲耕於王之野商賈皆欲蔵於王之市行旅皆欲出於王之塗天下之欲疾其君者皆欲赴愬於王其若是孰能禦之（『孟子』梁恵王上）

右の白文を見ると、「皆欲」と「於」が繰り返し出てくることに気づく。繰り返し部分は、白文解読の糸口になる。分析的な改行表記を施すと、左のようになる（傍線は「使AB」）

今王発政施仁、
　使天下仕者皆欲立於王之朝 ①
　　耕者皆欲耕於王之野 ②
　　商賈皆欲蔵於王之市 ③
　　行旅皆欲出於王之塗 ④
　天下之欲疾其君者皆欲赴愬於王 ⑤
其若是、孰能禦之?

きれいな並列構造である。①の行の冒頭の「使」の管到は、なんと⑤「……愬於王」まで及ぶ。

②～④の各行は、本来は「(使天下) AB」と書いてもよいが、冒頭の三文字「使天下～」の繰り返しを省略しているのだ、と見なすこともできる。

訓読は「今、王、政を発して仁を施さば、①天下の仕ふる者をして皆、王の朝に立たんと欲し、②耕す者をして皆、王の野に耕さんと欲し、③商賈《しょうこ》をして皆、王の市に蔵せんと欲し、④行旅をして皆、王の塗《みち》に出でんと欲し、⑤天下の其の君を疾《や》ましめんと欲する者をして皆、王に赴き愬《うった》へんと欲せしむ。其れ是の如くんば、孰か能く之を禦がんや」。

大意は「(孟子が、王に向かって言う) いま王様が、仁政を行われるなら、天下のいろいろな職業の人々はみな、王様をしたって、この国に来たがるでしょう。自国の暴君をとっちめたいと願う者もみな、王様のもとに来て、早く私の国に攻め込んで人民を解放してあげてください、と請願するでしょう。もしそうなれば、もう、王様の勢いを止められる者は、誰もおりません」。

戦国時代の乱世だからこそ、人民は仁政と平和を渇望している。一見、迂遠なようでも、道徳政治を行うことが実は天下統一の早道だと、孟子は説くのである。

III

長文の管到は、右に見てきたような並列構造の他に、包含構造もある。包含構造とは、括弧の中に括弧を含むような構造、記号で書くと〔{( )}〕のような構造である。

例えば、「曰」（曰く）は、引用符号の開始と、「言う」という意味を示す。「曰」が繰り返して出てくる場合、それぞれの「曰」の管到は、並列構造とは限らず、しばしば包含構造の場合もある。

(1)A曰「〜」。B曰「……」。

(2)A曰「B曰『……』」

右の(1)は並列構造。Aは「〜」と言った、Bは「……」と言った、という意味。

(2)は包含構造で、Aは「Bは『……』と言った」と言った、という意味。

現代文では、引用符号の中に、さらに二重引用符号を使うことで、簡単に包含構造を示すことができる。しかし白文で「曰」が繰り返される場合、並列か包含かは、前後の文脈で判断するしかない。

例文(二)も、(1)並列構造と、(2)包含構造の二つに解釈しうる。

(1)子曰「詩三百、一言以蔽之」。曰「思無邪」。

(2)子曰「詩三百、一言以蔽之、曰『思無邪』」。

(1)の意味は――先生は言われた。「『詩経』に載せる三百首の詩を、ひとことで概括してみよう」。（そして）言われた。「心に邪念がない」

(2)の意味は――先生は言われた。「『詩経』に載せる三百首の詩を、ひとことで概括するなら、『心に邪念がない』だ」

「思無邪」の三字は、『詩経』に収録されている詩句の引用文である。文法的には、並列とも包含とも解釈しうるが、文章の意味内容を考えると、『論語』のこの一段は包含構造として理解するのが自然である。

「曰」の包含構造は、意外と多い。

孟子曰詩曰王赫斯怒……（『新序』）

は、近代的な引用符号を使い書き直して包含構造を明示すると、

孟子曰「『詩』曰『王赫斯怒……』〜」

となる。訓読は――孟子曰く「『詩』に曰く『王、赫《かく》として斯《ここ》に怒《いか》る……』〜」。意味は――孟子は言った。「『詩経』の詩句に『王、赫として斯に怒る……』と言うけれども、〜」

管到の見きわめかたの練習は、第二十一課の演習で、引

き続き行うことにする。

Ⅳ 補足のその二として、漢字の「仮借」その他の「変化球的用法」について述べる。

「仮借」は、漢字のいわゆる「六書」の一つで、ある言葉を示すため、字音は近いが意味がかけはなれた漢字を借りて使うことを言う。

例えば、漢文の代名詞や指示語の大半は、仮借である。「おまえ」を意味する古代漢語の発音は「ジ（ニ）」である。そこで「爾」や「汝」の他にも、古代の漢文では「女」「若」「而」など近音の漢字を、手当たり次第に「おまえ」の意味の当て字として使った。

「其」「然」は、本来それぞれ「箕（み）」「燃ゆ」という意味だったが、指示語「そレ」「しかリ」の当て字としても使われた。後世は、仮借の意味のほうが本義になってしまった。軒を貸して母屋を取られたのである。そこで改めて、竹かんむりや火へんをつけた増筆文字「箕」「燃」が作られた。例文㈢は杜甫の有名な詩句。「然」は、本来の意味「燃ゆ」として使われている。「山の青さを背景に、春の花は今にも燃えだしそうなほど、赤い」の意。

第五課の例文㈡「不亦説乎」の「説」も、古代においては「説」（字音セツ）の他に、「悦」（字音エツ）の意にも使われた。

この他、写本に書かれたり、銅器に鋳込まれた本物の白文では、減筆文字（省字）が多い。古代の貨幣や鏡などの金属器に鋳込まれた漢文では、しばしば「銅」を「同」、「鏡」を「竟」、「倭」を「委」のように書いた。仏教の漢文写本では、「菩薩」を「艹艹」、「娑婆」を「女女」と、速記感覚で大胆に略すことも多い。

【練習問題】次の否定語句の管到を考えた上で、意味を解釈せよ。

凡人莫不従其所可而去其所不可（『荀子』正名）

【解説】

繰り返し部分を糸口として、分析的改行を施すと、次のようになる。

凡人莫不
　　従其所可　①
　而去其所不可　②

「莫不～」（～ならざるは莫し。「全て～でないものはない」の意）は、どこまでかかるか。①と②は並列構造なので、②の最後までを管到と見なすのが自然である。

訓読は「凡そ人、其の可とする所に従ひて、其の不可とする所を去らざるは莫し」。

意味は「およそ人間というものは、みな、自分で良いと思うものに従い、だめだと思うものから離れようとするものだ」。

第二十一課◆まとめと演習

本課では、文法事項の学習のまとめを兼ねて、白文を読む演習を行う。左は、『戦国策』燕巻に載せる漢文である。意味を解釈し、書き下し文にせよ。

趙且伐燕蘇代為燕謂恵王曰今者臣来過易水蚌方出曝而鷸啄其肉蚌合而箝其喙鷸曰今日不雨明日不雨即有死蚌蚌亦謂鷸曰今日不出明日不出即有死鷸両者不肯相舎漁者得而并擒之今趙且伐燕燕趙久相攻以敝大衆臣恐強秦之為漁父也願王熟計之也恵王曰善乃止

【ポイント】

白文の読解は、原文の句切りを把握することから始まる。句切りを示す語、例えば接続詞や前置詞、引用符兼用動詞「曰」、句読点兼用助詞「〜者」「〜也」に着目して句切る。その上で、文意を考えつつ、句点（。）と読点（、）、引用符号（「」、『』）、感嘆符（！）、疑問符（？）など、句読点を打ってゆく。

【解説】

I

この漢文は、故事成語「漁夫の利」の原文である。『戦国策』は、古代中国の「戦国時代」の争乱での知略・策略についての挿話を、各国別に集めた書籍である。

漢文は全て白文であった。日本の教科書に載っている漢文の訓点は、日本人の先祖が苦心して施したものである。

だいたいのあらすじは察しがつくと思うが、本書で学んだ文法事項を参照しつつ、また、見慣れぬ漢字は漢和辞典などを引いて、読解に挑戦して欲しい。

II

漢文の歴史的文献を読むためには、最低限の予備知識が必要である。高校生ていどの予備知識があれば、どの単語が「固有名詞」か、見抜きやすくなる。

高校の世界史の教科書には、古代中国の「戦国時代」に「戦国の七雄」と呼ばれた七大強国（秦・楚・斉・燕・趙・魏・韓）の地図が載っている。当時のいわゆる「諸子百家」の一つに「縦横家」（しょうおうか）があった。彼らは各国を遊説し、自分の戦略を君主に売り込むフリーランスの外交戦略家だった。

III

白文読解の「前処理」は、品詞に注目して行う。特に、接続詞、副詞、助詞は「句切り」のヒントになる。また「曰」など引用符号兼用動詞も、句切りのヒントになる。白文読解の前処理（下ごしらえ）として、これらの語について、以下のような機械的作業をする。

【固有名詞】傍線を施し、前後を一字アケ

趙（国名）　燕（国名）　蘇代（人名）　恵王（人名）　易水

(川の名前) 秦(国名)
【前置詞(の可能性がある字)】前後を一字アケ
為(ためニ) 以(もっテ)
※動詞「為」(なス、つくル、たリ)、動詞「以」(もちフ)の可能性もあるので、前後の文意から判断する。
【接続詞(の可能性がある字)】前後を一字アケ
而(しかシテ) 即(すなはチ) 乃(すなはチ)
【副詞(の可能性がある字)】前を一字アケ
今者(いま) 方(まさニ) 不(ず) 亦(まタ) 相(あひ。お互いに) 今
【助詞(の可能性がある字)】後を一字アケ
~者 ~也
【その他、句切りの目安となる語】
曰~↓曰(改行)「~
其~↓前を一字アケ

この他、動詞句(副詞、助動詞と動詞の組み合わせ、など)と思われる箇所には傍線を引くと、さらにわかりやすい(前処理の段階ではここまでしなくてもよいが、参考までに傍線を引く)。

趙 且伐 燕 蘇代 為 燕 謂 恵王
曰
「今者 臣来過 易水 蚌 方出曝 而
鷸啄 其肉蚌合 而 箝 其喙鷸 曰
「今日 不雨明日 不雨 即 有死蚌蚌
亦謂鷸 曰
「今日 不出明日 不出 即 有死鷸両者
不肯 相舎漁者 得 而 并擒之 今 趙
且伐 燕 燕 趙 久相攻 以 敝大衆臣
恐強 秦 之為漁父也 願王熟計之也 恵
王 曰
「善 乃 止

これで前処理は終わりである。このような機械的作業だけでも、ずいぶん読みやすくなる。

IV

漢文の単語は、日本語の「常用漢字」の知識でも半分以上理解できる。ただ、日本語ではあまり使わない漢字、日

本語と漢文では意味用法が違う漢字（百五十七頁以下の「常用漢字漢語用法略解」参照）もあるので、めんどくさがらず、丹念に漢和辞典を引くべきである。

漢字は表意文字なので、字形を見れば多少は語意を推量できる。

「蚌」は「ボウ」という貝の一種である。「ハマグリ」と訳すことが多いが、厳密には日本のハマグリとは別種である。漢字では「虫」へんがつく字は、昆虫に限らず、いわゆる冷血動物全般にまたがる。手元に漢和辞典がなくても、「蚌」が冷血動物の一種であることは察しがつく。

「鷸」は「イツ」という鳥で、「シギ」と訳すことが多いが、これも厳密には日本のシギとは別種である（生息地域が違うのだから、種が異なるのは当然）。「鳥」へんから、鳥だとわかる。

「喙」も、日本の常用漢字には無いが、「容喙《ようかい》する」（横から口を出す、クチバシを入れる）という日本語を知っている人は、「喙」がクチバシの意味であることはわかる。

この他の普通名詞や一般動詞も、このように意味を推定できるものが多いが、やはり、漢和辞典を引くべきである。

以下、本文を少しづつ読解してゆくことにする。

V

① 趙 且伐 燕 蘇代 為 燕 謂 恵王 曰

「且」は、助動詞「まさニ〜トす」の他、「かツ」「しばらク」など様々な意味があり、判断に迷うところである。「伐」は、「討伐」「征伐」の伐で、敵を攻める意の動詞。後ろに動詞が来ることから、「且」を助動詞と考えると、

趙且伐燕

は、訓読は「趙、且《まさ》に燕を伐《う》たんとす」、意味は「趙国は、燕を攻めようとしている」。文法的には「趙且伐燕蘇代」と句切り、「趙国は、燕の蘇代を攻めようとしている」の意に解釈することも可能だが、常識的に趙が一国を挙げて蘇代という一個人を攻めるのは不自然であり、かつ、蘇代は次に続く一段の主語として読む方が自然なので、「趙且伐燕蘇代」という句切りは採用しない。

白文の句切りは、このように、品詞の知識と、常識的センスの両方が必要である。

さて、続く「蘇代為燕謂恵王曰」の「為」であるが、もし原文が「蘇代が使者となる」という意味なら、動詞「〜と為る」と読んでもよい。しかし、蘇代という一個人が

「燕」という国になる（?）ことは、常識的センスではありえない。そこで「ためニ」という前置詞として読む。

訓読は「蘇代、燕の為に恵王に謂《い》ふ。曰く」。直訳は「蘇代は、燕国のために、恵王に言う。そのセリフ」。訓読は一種の翻訳なので、「〜謂ひて曰く」と読んでもよい。このあたりは、個人の趣味嗜好の範囲である。

前後の文脈から、恵王が趙国の王の名前であることは、辞書を引かなくても察せられる。

「曰」以下は、蘇代のセリフになる。「曰」は引用符号の開始位置（「）を示すが、終了位置（」）は自分で判断しなければならない。

②「今者　臣来過　易水　蚌　方出曝」

副詞「今者」は、意味は「今」と同じだが、二音節になるぶん「今」より重い発音となり、会話の第一語としてふさわしい。

「臣」は、王や皇帝の前で「わたくしめ」とへりくだる謙遜語。

「来」は動詞「来《きた》り」（古語「来《く》」はカ変活用だが、訓点語「きたリ」はラ変活用）。「過」は動詞「すグ」。

文法的には「今者臣来。過易水」（いま、臣が来るとき、易水《えきすい》を通過しました）とも、「今者、臣、来過易水」（いま、臣は、易水を通過するところまで来ました）とも切りうる。さて、どちらの切り方が正しいだろう?

易水は燕の国境の川であり、恵王のいる趙の都からは、かなり遠い。そう考えると、後者の句切りは不適切である。「今者臣来。過易水」と切るほうがよい。

訓読は「今者《いま》、臣、来り。易水を過ぐ」「今者、臣、来たるに、易水を過ぐ」「今者、臣、来るとき、易水を過ぐ」のどれも正しい。意訳は「このたび、わたくしめがここに参る途中、易水をわたりました」。訓読は直訳体なので「過ぐ」という「現在形」に読むが、現代語の意訳は「わたりました」という「過去形」にしないと、不自然である。「蚌方出曝」は「蚌《ぼう》、方《まさ》に出《い》でて曝《さら》す」（ハマグリが、ちょうど川から出て、日なたぼっこをしていました）。

③　而　鷸啄　其肉蚌合　而　箝　其喙鷸　曰

この部分を、さらに改行して書くと、

而

鷸	啄	其肉
蚌	合而箝	其喙

鷸曰

という、対比的な構造であることがわかる。訓読は「而して鷸《いっ》、其の肉を啄む。蚌、合せて其の喙《くちばし》を箝《はさ》む。鷸、曰く」。意味は「そしてシギが（来て）、ハマグリの肉をクチバシでついばんだ。ハマグリは（貝殻を）閉じ合わせて、シギのクチバシをはさみこんだ。シギは言った」。

④「今日　不雨明日　不雨　即　有死蚌蚌　亦謂鷸　曰
「今日　不出明日　不出　即　有死鷸両者　不肯　相舎

この部分も、繰り返し部分をヒントに、次のように整理することができる。

「今日不雨、明日不雨、即有死蚌」
蚌　亦謂鷸　曰
「今日不出、明日不出、即有死鷸」
両者　不肯　相舎

前半のシギのセリフを直訳すると、

「今日、雨がふらない。明日、雨がふらない。ならばすぐに、死んだハマグリがある（だろう）」

この直訳を「訓読語」に直すと、

「今日、雨ふらず、明日も雨ふらずんば、即ち死蚌《しぼう》、有らん」

そのあとを訓読すると、

蚌も亦た鷸に謂ひて曰く「今日出ださず、明日も出ださずんば、即ち死鷸、有らん」と。両者、相舎《あひす》つるを肯《がへん》ぜず。

現代語訳は、

ハマグリもまたシギに言った。「今日、解放せず、明日も解放しなかったら、シギの死体ができあがるぞ」
両者は互いに一歩もゆずらなかった。

ハマグリとシギの勝負の結末は「漁夫の利」に終わった。

⑤　漁者　得　而　幷擒之

訓読は「漁者《ぎょしゃ》、得て之を幷《あは》せ擒《とら》ふ」。この「得～」は、本動詞（得《う》）と、可能の助動詞（～ことを得）の中間くらいのニュアンスである。意訳は「漁師が来て、偶然、両者をいっしょにつかまえることができた」。

⑥　今　趙　且伐　燕　燕　趙　久相攻　以　敝大衆臣恐
強　秦　之為漁父也　願王熟計之也

蘇代のセリフは、ここまでで終わりである。
訓読の例を示す。

訓読例（一）今、趙、且に燕を伐たんとす。燕・趙、久しく相攻めば、以て大衆を敝《やぶ》らん。臣、恐るらくは、強秦の漁父と為らんことを。願はくは、王、之を熟計せよ」と。

訓読例（二）…燕・趙、久しく相攻むれば、大衆を敝るを以て、臣、強秦の漁父と為らんことを恐るるなり。王の之を熟計せんことを願ふなり」と。

右の訓読例（一）と（二）の他にも、文法的に正しい訓読は、何通りもありうる。

正しい古文法にしたがうなら「攻め（未然形）＋ば」。古文法としては誤りだが漢文訓読の「読み癖」にしたがうなら「攻むれ（已然形）＋ば」。

「以　敝大衆」の「以～」を、「（理由）、以、（結果）」の「以」と解釈するか。それとも、「以（理由）、（結果）」の「以」と解釈するか。

「恐～」「願～」を、原漢文の語順に近い直訳調の訓読語「恐るらくは～」「願はくは～」で読み下すか。それとも、通常の動詞と同様に「～を恐る」「～を願ふ」と読むか。

いずれの訓読をするにせよ、おおまかな文意は次のとおりである。

（蘇代のセリフ）いま、趙はまさに燕を攻めようとしております。燕趙両国の戦争が長びけば、大衆は疲弊して国は弱体化してしまいます。わたくしめは、強大な秦が、漁夫の利をせしめるのではないか、と心配です。どうか王さま、この点を、よくお考えくださいますよう」。

⑦　恵王曰「善」。乃止。

恵王曰く「善し」と。乃ち止《や》む。

恵王は「なるほど」と言った。結局、戦争は回避された。

VI

以上、あらためて元の白文に句読点類を打つと、次のようになる。

趙且伐燕。蘇代為燕謂恵王、曰「今者臣来、過易水。蚌方出曝。而鷸啄其肉。蚌合而箝其喙。鷸曰『今日不雨、明日不雨、即有死蚌！』。蚌亦謂鷸曰『今日不出、明日不出、即有死鷸！』。両者不肯相舎。漁者得而幷擒之。今、趙且伐燕。燕趙久相攻、以敝大衆、臣恐強秦之為漁父也。願王熟計之也」。

恵王曰「善」。乃止。

意訳は次のようになる。

趙が燕を攻めようとした。蘇代は、燕国のために、趙の恵王に申し上げた。

「わたくしめがこちらに参る途中、国境の易水をわたりました。ちょうどハマグリが、川辺で貝殻を開き、日なたぼっこをしておりました。そこへシギが来て、クチバシで、ハマグリの身をついばみました。ハマグリは貝殻をとじ合わせ、シギのクチバシをはさみこみました。シギが『今日も明日も雨がふらなかったら、ハマグリの干物ができるぞ』と言うと、ハマグリのほうも『今日も明日も出してやらなかったら、飢え死にしたシギができるぞ』と言い返します。両者は、たがいに一歩もゆずりません。そこへちょうど漁師が来て、ハマグリとシギの両方をつかえてしまいました。さて、貴国はこれから燕を攻めようとなさっています。両国の戦争が長びけば、民衆は疲弊し、ただでさえ強大な秦が、漁夫の利を得ることになってしまうのではないか、と、心配いたします。王様におかれましては、どうぞ、よくお考えくださいますよう。」

恵王は「なるほど」と言い、結局、戦争をやめた。

VII

『戦国策』の漢文は、難易度からいうと中級レベルである。

もともと漢文は、みな白文だった。昔の人は、日本人も、中国人も、みな苦労して白文の切りかたを考え、意味を解釈した。今日の視点から見ると、昔の人も、けっこう白文に間違えて句読点を振ったりしている。今でも、昔の漢文で、句読点が施されぬまま残っているものは、たくさんある。

漢文も語学の一種である。基礎を身につけたあとは、失敗を恐れず、どんどん白文を読み、経験を積み重ねるとよい。

常用漢字漢語用法略解

同じ漢字でも、日本語における場合と、漢文における場合では、その品詞や意味用法に大きな相違があることが多い。その違いを認識し、個々の漢字の漢文における意味用法に習熟することが漢文を読みこなす上では非常に重要である。ここでは、日本の常用漢字の中から、漢文における意味用法について注意すべき漢字をいくつか選び出し、簡単な解説を施し、用例と併せて理解に資することを図った。（一）では用法について特に注意すべきいくつかの漢字（一部常用漢字外）を見出しに選び、それぞれの漢字について品詞別に意味用法を比較的詳しく記し、用例と併せて漢文の語法に慣れてもらうことを意図した。とくに、まず冒頭の「一」「東」の記述を熟読して、日本語の「一」「東」とは異なる漢文における漢字の用法の心構えを身につけていただきたい。（二）では、常用漢字の中、漢文における訓み・意味用法がとくに日本語と懸隔のある文字を選び出し、日本語における一般的な音読みによってあいうえお順に並べ、簡単な語義を施して略述した。（一）（二）とも［ ］で示した見出し語の訓みは文語・旧仮名遣いで、適宜挿入した用例（出典は省いた）の読み下し文はすべて新仮名遣いのひらがなで記した。品詞等は以下の要領で略記した。[動]＝動詞、[助動]＝助動詞、[名]＝名詞、[代]＝代名詞、[形]＝形容詞、[副]＝副詞、[助]＝助詞、[数]＝数詞、[接]＝接続詞、[前]＝前置詞、[接尾]＝接尾詞。

（一）

一（漢音イツ呉音イチ） 基本的情報 **数** 品詞 ［**いち、いつ**］ 訓み ひとつ。 意味 一而治二而乱 例文 （いつなればおさまり、になればみだる）。 訓読文 一与言為二二与一為三（いちとごんとにとなる、にといちとさんとなる）。一成純（いつにしてじゅんをなす）。百発一失不足謂善射（ひゃっぱつしていちあやまてばぜんしゃというにたらず）。仲尼曰天下有大戒二其一命也其一義也（ちゅうじいわく、てんかにたいかいにあり、そのいちはめいなり、そのいちはぎなり）。其好之也一其弗好之也一（そのこれをこのむもまたいち、そのこれをこのまざるもまたいちなり）。天下為一諸侯為臣（てんかいちとなり、しょこうしんとなる）。道通為一（みちつうじていちたり）。回也聞一以知十（かいやいちをききもってじゅうをしる）。聞一得三（いちをききてさんをえたり）。識其一不知其二（そのいちをしってそのにをしらず）。吾道一以貫之（わがみちはいつもってこれをつらぬく）。天得一以清地得一以寧（てんはいちをえてもってきよく、ちはいちをえてもってやすし）。道生一一生二二生三三生万物（みちいちをしょうじ、いちにをしょうじ、にさんをしょうじ、さんばんぶつをしょうず）。天地与我並生而万物与我為一（てんちわれとならびしょうじて、ばんぶつわれといちたり）。勇士一人雄入於九軍（ゆうしひとり、ゆうきゅうぐんにいる＝勇士の雄雄しさは一人でも大軍に突き入って戦うことができる）。 訳語・訳文 一将功成万骨枯（いっしょうこうなってばんこつかる）。千軍易得一将難得（せんぐんはえやすきも、いっしょうはえがたし）。一日二日万機（いちじつふつかにばんきあり＝一日二日という短い時間の中に万事を決する大事な契機がある）。以一人治天下不以天下奉一人（いちにんをもっててんかをおさめ、てんかをもっていちにんにほうぜず）。不以一悪忘衆善（いちあくをもってしゅうぜんをわすれず）。

代 或る。一夕（いっせき）。一日（いちじつ）。

動 ［**ひとつニス、いつニス**］ ひとつにする、まとめる。仲尼曰若一志（ちゅうじいわく、なんじこころざしをいつにせよ）。人主者一力以共載之（じんしゅはちからをひとつにしてもってともにこれをのす）。軍必有将所以一之也（ぐんにはかならずしょうあり、これをいつにするゆえんなり）。仁人上下百将一心（じんじんじょうげひゃくしょう、こころをいつにす）。

形 ［**いち、いつ**］ ①すべて。一軍皆走（いちぐんみなはしる＝全軍が逃げ出した）。②同じ。古今一也（ここんいつなり）。先聖後聖其揆一也（せんせいこうせい、そのきいつなり）。

副 ①［**ひとたび**］ 一度。人一能之已百之（ひとひとたびこれをよくすればすでにこれをひゃくたびす）。一遇大聖知其解者是旦暮遇之也（ひとたびたいせいのそのかいをしるものにあはば、これたんぼにこれにあうなり）。②［**いつニ**］ ひたすら、もっぱら。賞利一従上出（しょうりいつにしょうよりいず）。③［**あるイハ**］ 一勝一負（あるいはかちあるいはまく）。一喜一憂（いっきいちゆう）。④［**いつニハ**］ 一つには。一則以喜一則以懼（いつにはすなわちもってよろこび、いつにはすなわちもっておそる）。一以己為馬一以己為牛（いつにはおのれをもってうまとなし、いつにはおのれをもってうしとなす）。

東（漢音呉音ともトウ。『漢書』律暦志に「東は動、陽気物を動かす、時に於いて春となす」とあり。五行説では「木」

名 ①ひがし。②春。

形 ひがしの。東門。東方。東夷。

副 「**ひがし、ひがしニ、ひがしノカタ**」東望泰山（ひがしにたいざんをのぞむ）。東伐諸侯（ひがしのかたしょこうをうつ）。東去長安万里余（ひがしのかたちょうあんをさってばんりよ）。請君試問東流水（こうきみ、こころみにとうりゅうのみずにとえ）。

動 「**ひがしス**」東にゆく。吾亦欲東（われもまたひがしせんとほっす）。障百川而東之（ひゃくせんをささえてこれをひがしせしむ。＊中国は海が東にあり、川は東に流れる。別の方向に流れる川は、堤防などを作って東に流れるようにする）。

＊「西・北・南」とも用法同じ

乃

（漢音ダイ、呉音ナイ。日本語の「の」にあてるのは古音を万葉仮名に用いたから）

代 「**なんじ、かノ**」あなた。その。予録乃勲（われかのいさおをろくす）。

動 「**すなはチ**」呂公女乃呂后也（りょこうのむすめすなわちりょこうなり）。＊繋詞（四十頁）の一つ。

副 「**すなはチ**」学之乃知（これをまなんですなわちしる）。乃今（すなわちいま）。乃始（すなわちはじめて）。乃遂（すなわちついに）。

接 「**すなはチ、もし**」乃生男子載寝之牀（もしだんしをうまばすなわちこれをしょうにいねしむ）。

助 「**すなはチ**」（文のリズムを整える）乃武乃文（すなわちぶなりすなわちぶんなり）。

之

（漢音呉音ともシ）

動 「**ゆク**」行く、おもむく。項伯乃夜馳之沛公軍（こうはくすなわちよるはせてはいこうのぐんにゆく）。

代 ①「**これ、こノ**」之子于帰（このこゆきとつぐ）。②「**これヲ**」（形式目的語。自動詞・形容詞・動詞用法の名詞の後に置き、前の語が動詞であることを示す）公将鼓之（こうまさにこれをこせんとす）。凡人之有為也非名之則利之也（およそひとのなすあるや、これをなとするにあらざればこれをりとするなり）。

助 ①「**の**」（連体修飾語と被修飾語の間に置く）兵者国之大事死生之地存亡之道（へいはくにのだいじにして、しせいのち、そんぼうのみちなり）。人皆有不忍之心（ひとみなしのびざるのこころあり）。②「**の**」（後に来る動詞を不定詞化する。「**甲之動詞**」の形で「**甲ノ…スルコト**」という名詞節を作る）孤之有孔明猶魚之有水也（こ（わたし）のこうめいあるはなおうおのみずあるがごときなり）。古者言之不出恥躬之不逮也（いにしえごんをこれいださざるは、みのおよばざるをはじればなり）。③「**の**」（「**甲之動詞也**」の形で「**甲ノ…スルヤ**」という時を表す従属節を作る）臣之壮也猶不如人（しんのそうなるや、なおひとにしかず）。④「**これヲ**」（本来の動詞＋目的語という語順が強調のため目的語＋動詞と倒置表現になることがあり、このとき目的語と動詞の間に「之」が入り「**目的語之動詞**」という句形になり「**目的語ヲこレ動詞ス**」あるいは目的語が主題化されて「**目的語ハこれヲ動詞ス**」と訓む）寡君其罪之恐（かくん（わが主君）そのつみをこれおそる）。生之謂性（せいをこれせいという）。⑤（「**甲之於乙（也）**」の句形で「**甲の乙ニおケル（ヤ）**」という副詞節を作る）寡人之於国也尽心焉耳矣（かじんのくににおけるやこころをつくすのみ）。
【接】［**ト**］（並列を表す）皇父之二子死焉（こうふとにしとこれにしす）。
【前】①［**おイテ**］（「於」と同じ）人之其所親愛而辟焉（ひとはそのしんあいするところにおいてかたよる）。②［**ヨリ**］（比較の対象を示す。「於」と同じ）莫宜之此鼎（このかなえよりよろしきはなし）。

干（漢音呉音ともカン。「乾」と同音で通用し「ほす」の意味が生じた）
【名】①盾（たて）。②たに（澗）③岸。④えと（干支）。
【動】①［**をかス**］そむく、（法令を）犯す。干君而出（きみをおかしていづ）。②［**をかス**］つきあたる。哭声直上干雲霄（こくせいただちにのぼりてうんしょうをおかす）。③［**もとム**］追求する。子張学干禄（しちょうまなんでろくをもとむ）。④［**ほス、ひル**］かわく（乾）。干飯（ほしいい）。

女（漢音ジョ、呉音ニョ）
【名】①おんな。②むすめ。
【動】［**めあはス**］嫁がせる。女于其子（そのこにめあわす）。
【代】［**なんぢ**］あなた（汝）。子曰女器也（しいわくなんじはうつわなり）。

亡（漢音バウ、呉音モウ）
【動】①［**のがル、にグ**］にげる、亡命する。聞韓信亡（かんしんのにぐるをきく）。今亡亦死挙大計亦死（いまにぐるもまたしし、たいけいをあぐるもまたしす）。②［**うしなフ、うス**］なくす。楚人亡弓（そひとゆみをうしなう）。大道以多岐亡羊（たいどうたきをもってひつじをうしなう）。③［**ほろブ**］滅亡する。国家将亡（こっかまさにほろびんとす）。燕雖小国而後亡（えんはしょうこくといえどもしかるのちにほろぶ）。④［**わすル**］忘れる。心之憂矣曷維其亡（こころのうれいなんぞこれそれわすれん）。⑤［**なシ**］存在しない。（顔淵）今也則亡（いまやすなわちなし＝顔淵はいまやいない、死んでしまった）。人皆有兄弟我独亡（ひとみなけいていあり、われひとりなし）。
【副】①［**いな**］（否定の答え）女悪之乎曰亡予何悪（なんじこれをにくむか、いわくいな、われいずくんぞにくまん）。②［**なかれ**］（禁止）所過亡得鹵掠（すぐるところにろりゃくするをうるなかれ）。
【接】（「**亡甲乙**」の形で）［**甲乙トなク**］甲乙にかかわりなく。亡軽重一切皆殺之（けいちょうとなくいっさいみなこれをころす）。

已（漢音呉音ともイ）
【動】［**やム**］①停止する、終わる。学不可以已（がくはもってやむべからず）。言未已（げんいまだやまず）。②（詠嘆を表す句末の助詞と**已矣**、**已矣乎**、**已矣哉**、**已矣夫**の形で）［**やんぬるかな、やみなん**］どうしようもない。已矣乎吾未見好徳如好色者也（やんぬるかな、われいまだとくをこのむこといろをこのむがごとくするものをみず）。③しりぞける、罷免する。三已之無慍色（みたびこれをやむもおんしょくなし）。
【副】①［**すでニ**］②［**はなはダ**］子曰攻乎異端斯害也已（しいわく、いたんをおさむるはこれがいたるやはなはだし）。期已久矣（きはなはだひさし）。
【前】［**もっテ**］（「以」に同じ）…によって。人之所以為人者何已也（ひとのひとたるゆえんはなにをもってするか）。
【助】①［**のみ**］㋐…だけ。吾不知已（われしらざるのみ）。独有是人已（ひとりこのひとあるのみ）。㋑（他の助詞と共に**而已**、**而已矣**、**也已**、**已矣**、**耳已**などの形で）道二仁与不仁而已矣（みちはに、じんとふじんとのみ）。堯舜之道孝弟而已矣（ぎょうしゅんのみちはこうていのみ）。夫子之道忠恕而已矣（ふうしのみちはちゅうじょのみ）。③［**かな**］（文末に置き感嘆・悲痛を表す）長為蛮夷之域傷已（ながくばんいのいきとなる、いたましきかな）。

方（漢音呉音ともホウ。二艘の船を並べて先端をまとめた形に象る）

名［**ほう**］①方向。②地方。③大地。④まわり。⑤規則。⑥方法。⑦技術。

形［**ほう**］①四角なさま。②きちんとしているさま。智欲円而行欲方（ちはまどかならんことをほっし、こうはほうならんとほっす）。

動①［**ならブ**］並ぶ。方船而済於河（ふねをならべてかわをわたる）。車不得方軌（くるま、きをならぶるをえず（＝車を二輌並べられない））。②［**くらブ**］比べる。子貢方人（しこうひとをくらぶ）。③［**さからフ**］たがう、そむく。諸侯方命（しょこうめいにさからう）。④［**わかツ**］弁別する。不可方物（ものをわかつべからず）。⑤［**いかだス**］筏で進む。就其深矣方之舟之（そのふかきにつきて、これにいかだしこれにふねす）。

副①［**まさニ**］吾方図子之功（われまさにしのこうをはからん）。方先君後臣（まさにきみをさきにししんをあとにす）。②［**はじめテ**］鶏鳴方出客（とりないてはじめてきゃくをいだす）。③［**あまねク**］

前［**あたリ**、**あたル**］方其盛時必毀（そのせいじにあたりかならずやぶる）。方少壮時（しょうそうのときにあたる）。

夫（漢音フ呉音フ・ブ。フウは慣用）

名①おとこ。②夫。

代①［**かれ**］（三人称。複数も表す）我皆有礼夫猶鄙我（われにみなれいあるも、かれなおわれをいやしむ）。②［**かノ**］あの、この。夫人不言言必有中（かのひといわず、いえばかならずあたるあり）。

助①［**それ**］（文の初めに置き、話題を提示する）夫戦勇気也（それたたかいはゆうきなり）。②［**かな**、**か**］（文末に置き、詠嘆を表す）今若是焉悲夫（いまかくのごとし、かなしいかな）。逝者如斯夫不舎昼夜（ゆくものはかくのごときか、ちゅうやをおかず）。③［**か**、**や**］（文末に置き、疑問・反語を表す）仁人亦楽是夫（じんじんもまたこれをたのしむか）。吾歌可夫（われうたふ、かならんか）。

以（漢音呉音ともイ。『説文』に「用也」と）

動①［**もちフ**、**もちヰル**］使う。賢不必以（けんかならずしももちいられず）。②［**おもフ**］（「おもふニ、おもヘラク、おもんみるニ」と文頭で副詞句のように訓むことがある）認める、考える。皆以美於徐公（みなじょこうよりびなりとおもう）。伏以佛者夷狄一法耳（ふしておもんみるに、ぶっしゃはいてきのいっぽうのみ）。③［**なス**］行う。視其所以（そのなすところをみる）。④［**ひきヰル**］統率する。以五千騎追之（ごせんきをひきいてこれをおう）。以其族行（そのぞくをひきいてゆく）。⑤［**やム**］とどめる、終える。無以則王乎（やむなくんばすなわちおうならんか）。

前［**もっテ**］①（名詞・名詞句の前に置き「**以甲乙**」の形で

「**甲ヲもってテ乙スル**」と訓む）…を用いて、…によって。以徳報怨（とくをもってうらみにむくゆ）。②（時に「**乙以甲**」の形になり、「**乙スルニ甲ヲもってテス**」と訓む）報怨以徳（うらみにむくゆるにとくをもってす）。③（「**以甲為乙**」の形で「**甲ヲもってテ乙トなス**」と訓む）甲を乙と思う、みなす。必以長安君為質（かならずちょうあんくんをもってちとなす）。

＊「**以甲**」は「**甲ヲもってテス**」と動詞のように読むことがある。朕躬有罪無以万方（ちんがみつみあらば、ばんぽうをもってすることなかれ）。

接「**もってテ**」①（順接・逆接関係を示す。「而」に同じ）そして、その上、それで、そのために、かえって。険以遠（けんもってとおし）。設兵以待秦（へいをもうけてもってしんをまつ）。損民以益仇（たみをそこないもってあだにえきす）。弱以侮強（じゃくもってきょうをあなどる）。②（原因・理由を表す）…ので、…だから、…により。以其境過清不可久居（そのきょうせいにすぐるをもって、ひさしくおるべからず）。③「**と**」（「**甲以乙**」の形で「**甲と乙と**」と訓み、並列の関係を表す。「与」と同じ）および、ならびに。不大声以色（こえといろとをだいにせず）。

副 ①「**はなはダ**」（形容詞の前に置き、「過度」を表す）不以急乎（はなはだきゅうならずや）。②「**すでニ**」固以怪之矣（もとよりすでにこれをあやしめり）。

名「**ゆゑ**」わけ、理由、原因。必有以也（かならずゆえあり）。是以（このゆえに、ここをもって）。

代 ①「**こノ、これ**」（近称を表す）皆以類也（みなこのたぐいなり）。②「**いづク**」（主に前置詞「于」「於」とともに）どこ。于以求之（いずくにおいてかこれをもとむ）。

助（上下・東西・内外など時間や地点を表す語の前に置き、その限定を表す）以上（いじょう）。以外（いがい）。

且
（㈠のとき漢音呉音ともシャ、㈡のとき漢音でソ、㈢のとき漢音ショ、呉音ソ）

㈠**副** ①「**しばらク**」ひとまず、少しの間。存者且偸生死者長已矣（そんするものはしばらくせいをぬすみ、しするものはとこしえにやむ）。②「**かツ**」依然として、なお。識其不可然且至則是干沢也（そのふかをしりしかもかついたれば、すなわちこれたくを（利益）をもとむるなり）。③「**かツ**」（「**甲且述語、安乙乎**」「**甲且述語、況乙乎**」の形で「**甲スラかツ述語、いはんヤ乙ヲヤ**」「**甲すラかツ述語、いづクンゾ乙ナランヤ**」と訓み）甲でさえも述語、まして乙ならなおさらである、甲でさえも述語、どうして乙であろうか。身且不愛安能愛君（みすらかつあいせず、いずくんぞよくきみをあいせんや）。

副「**まさニ…ス**」まさに…しそうである、しようとする。魏文公且置相（ぎのぶんこうまさにしょうをおかんとす）。

動「**ちかシ**」ほぼ…に近い、ほとんど…である。愚公者年且九十（ぐこうなるものはとしきゅうじゅうにちかし）。

接「**かツ**」①（並列）王不行示趙弱且怯也（おうゆかざればちょうのよわくかつきょうなるをしめさん）。②（累加）公語之故且告之悔（こうこれにゆえをかたりかつこれにくいをつぐ）。③（逆接）狄応且憎（てきおうじかつにくむ）。④「**もシ**」（仮定）もしも、かりに。君且欲覇王非管夷吾不可（きみもしはおうたらんとほっせばかんいごにあらざればかならず）。

助 ①「**かツ**」（発語のことば。意味はない）且順性情好利欲得（かつせいじょうにしたがえば、りをこのみとくをほっするなり）。

②（文末で感嘆の語気を添える）狂童之狂也且（きょうどうのきょうなるなり＝不良の中の不良だな）。

二 **動**「**ゆク**」行く、至る、去る。士曰既且（しいわく、すでにゆけりと）。

三 **形**①多いさま。②うやうやしいさま。

名（「俎」に通ず）つくえ、まないた。

代「**ここニ、これ**」匪且有且（ここにのみこれあるにあらず）。

如（漢音ジョ、呉音ニョ）

動①「**ゆク**」行く、至る。沛公起如厠（はいこうたちてかわやにゆく）。②「**ごとシ**」同様である、…のようである。上善如水（じょうぜんはみずのごとし）。詩云如切如磋如琢如磨（しにいう、せっするがごとくさするがごとくたくするがごとくまするがごとしと）。従善如流（ぜんにしたがうことながるるがごとし）。其過也如日月之食（そのあやまつや、じつげつのしょくするがごとし）。人之視己如見其肺肝然（ひとのおのれをみることそのはいかんをみるがごとし）。人心之不同也如其面焉（じんしんのおなじからざるは、そのおもてのごとし）。③「**ごとくス**」㋐従う。胥如志也（みなこころざしのごとくす＝皆志の通りにした）。㋑同じくする、等しくする。如農夫之務去草焉（のうふのつとめてくさをさるがごとくせよ）。④「**しク**」およぶ。㋐（同等）吾与女弗如也（われとなんじとしかざるなり）。無友不如己者（おのれにしかざるものをともとするなかれ）。臣之家有二白璧其色相如也（しんのいえにはくへきありて、そのいろあいしくなり）。㋑（優劣の比較）（「**甲不**（**弗**）**如乙**」の形で）「**甲ハ乙ニしカズ**」甲は乙に及ばない。天時不如地利地利不如人和（てんのときはちのりにしかず、ちのりはひとのわにしかず）。知之者不如好之者（これをしるものはこれをこのむものにしかず）。㋒（最善の認定）（「**甲莫**（**無**）**如乙**」の形で）「**甲ハ乙ニしクハなシ**」）甲については乙に勝るものはない（こしたことはない）。水行莫如用舟（すいこうはふねをもちいるにしくはなし）。

慣用一（「**如何**」の形で）「**いかんセン**」どのようにしようか、どうすればよいか。取妻如何（つまをめとることいかんせん）。

＊「何如」は「いかん」と訓み、「どのようだろうか」と「様子・状態」を問う。何如其知也（いかんぞそのちたるや）。

慣用二（「**如甲何**」の形で）「**甲ヲいかんセン**」甲をどのようにしようか（どうすればよいか）。不曰如之何如之何者吾末如之何也已矣（これをいかんせん、これをいかんせんといわざるものは、われこれをいかんともするなきのみ）。人而不仁如礼何（ひとにしてふじんならばれいをいかんせん）。如太行王屋何（たいこうおうおくをいかんせん＝太行山と王屋山をどのようにしようか）。

接①「**もシ**」（仮定）もしも。洛陽親友如相問一片氷心在玉壺（らくようのしんゆうもしあいとわば、いっぺんのひょうしんぎょくこにありと）。王如知此則無望民之多於隣国也（おうもしこれをしらば、すなわちたみのりんごくよりおおきをのぞむなかれ）。②「**もしクハ**」または、あるいは。安見方六七十如五六十而非邦也者（いずくんぞほうろくしちじゅうもしくはごろくじゅうにしてくににあらざるものをみん）

前「**ヨリ**」（比較の対象となる語に「ヨリ」と送る）…よりも。人之困窮甚如饑寒（人のこんきゅうはきかんよりはなはだし）。

接尾（形容詞や副詞に付き、「然」にほぼ同じ）突如（とつじょ）。晏如（あんじょ）。

自（漢音シ呉音ジ。『説文』に「鼻也」。自分の意。転じて自然の意）

副 ①［**みづから**］（しばしば前に人名が来て）自分で、自分から。項王自度不得脱（こうおうみずからだっするをえざるをはかる＝推測した）。②［**おのづから**］自然に、ひとりでに。桃李不言下自成蹊（とうりものいわずしたおのずからこみちをなす）。

前 ［**より**］①（時間・場所の起点。同義の「従」と共に「自従」とすることもある）…から。有朋自遠方来（ともありえんぽうよりきたる）。禍自口出病従口入（わざわいはくちよりいでやまいはくちよりいる）。②（原因・根拠）…によって。福自徳興（ふくはとくよりおこる）。③（動作の主体を示す）…から。自我致寇（われよりこうをいたす）。

動 ［**よル**］由来する、始まる。知風之自（ふうのよるをしる）。子路曰自孔子（しろいわくこうしよりすと）。

接 （「**自非…**」の形で）［**…ニあらザルよりハ**］…でなければ、…でないかぎりは。自非賢君焉得忠臣（けんくんにあらざるよりはいずくんぞちゅうしんをえんや）

而（漢音ジ、呉音ニ）

名 ［**なんぢ**］あなた（の）、おまえ（の）。余知而無罪也（われなんじにつみなきをしる）。呂后真而主矣（りょこうはまことになんじのしゅなり）。

接 ①［**しかうシテ、しかシテ、しかモ、シテ、テ**］㋐（並列）修而惰者貧（おごりておこたるものはひんす）。述而不作（のべてつくらず）。㋑（順接）そして、それから、そこで。学而時習之（まなびてときにこれをならう）聖人生而大盗起（せいじんうまれてだいとうおこる）。㋒（累加）そのうえ、さらに。任重而道遠（にんおもくしてみちとおし）。②［**しかルニ、しかレドモ、しかルヲ、しかルニ、しかモ**］（逆接）…であるが、しかし、けれども。趙予璧而秦不予趙城（ちょうはへきをあたうるもしかるにしんはちょうにじょうをあたえず）。③［**すなはチ**］（条件）…ならば。欲王而王（おうたらんとほっすればすなわちおうたり）。④［**シテ、テ**］（副詞的語句と動詞の間に入る）㋐秦王勃然而怒（しんおうぼつぜんとしていかる）。㋑久而不去（ひさしくしてさらず）。㋒千里而襲人（せんりにしてひとをおそう）。㋓（前置詞句の後で）文人相軽自古而然（ぶんじんあいかろんず、いにしえよりしてしかり）。⑤［**ニシテ**］（主語と述語の間に入る）㋐（意外性）斯人也而有斯疾也（このひとにしてこのやまいあり）。㋑（仮定）管氏而知礼孰不知礼（かんしにしてれいをしらばたれかれいをしらざらん）。

助 ①（文末の語気詞。限定・感嘆・反語などを表す。「耳」に通ず）今之従政者殆而（いまのまつりごとにしたがうものはあやうし）。②（上下・前後などの字に付き、限定を示す）而上（じじょう）。

慣用 （「**得而**」の形で）［**えテ**］（後に動詞が来て）…できる。夫子之言性与天道不可得而聞也（ふうしのせいとてんどうをいうは、えてきくべからざるなり）。民不可得而治（たみはえておさむべからず）。

見（動詞の①②③④の意味のとき漢音呉音ともケン、⑤⑥⑦のとき呉音ゲン）

名 ［**けん**］見るところ、観察。見識。見解。意見。愚鄙之見（ぐひのけん）。

動 ①［**みル**］見る。心不在焉視而不見聴而不聞（こころここにあらざればみれどもみえずきけどもきこえず）。②［**みル**］会う、対面する。項伯即入見沛公（こうはくすなわちいりてはいこうをみる）。③［**みユ**］知る、分かる。今吾見其心矣（いまわれそのこころをみゆ）。④［**まみユ**］おめにかかる。貞女不見二夫（ていじょじふにまみえず）。⑤［**あらはル**］出現する、露見する。彗星見于東方（すいせいとうほうにあらわる）。⑥［**あらはス**］明らかにする。不見而章（あらわさずしてあきらかなり）。⑦［**すすム**］引き合わせる。胡不見我於王（なんぞわれをおうにすすめざる）。

助動［**る、らル、せらル**］（受動を表す）①信而見疑忠而見謗（しんにしてうたがわれちゅうにしてそしらる）。三見逐於君（みたびきみにおわる）。②（**名詞**＋**見**＋**動詞**）の構文で、名詞が主語でなく動作主を表すことがあり、「**名詞ニ…せらル**」と訓む）慈父見背（じふにそむかる）。

易（一のとき漢音イ、二のとき漢音エキ、呉音ヤク）

一 **形**［**やすシ**］①…しやすい。是疾易伝染（このしつでんせんしやすし）。②やすらかである。我心易也（わがこころやすし）。③［**い**］平坦である。易則用車険則用騎（いにはすなわちしゃをもちい、けんにはすなわちきをもちふ）。

動①［**あなどル**］軽視する。能慮勿易（よくおもんぱかりてあなどるなかれ）。②［**をさム**］ととのえる。易其田疇（そのでんちゅうをおさむ）。

二 **動**①［**かフ**］改める。聖人易之以書契（せいじんこれとかうるにしょけいをもってす）。易乱除邪革正異俗（らんをかへじゃをのぞきいぞくをかくせいす）。②［**かフ**］交換する。以小易大（しょうをもってだいにかう）。易子而食（こをかえてくらう）。③［**かはル**］変化する。世易時移（よかわりときうつる）。

固（漢音呉音ともコ）

形［**かたシ、こ**］①じょうぶである、堅固である。兵勁城固（へいつよくじょうかたし）。②かたくなである。学則不固（まなべばすなわちこならず）。

名［**かため**］要害の地。東有肴函固（ひがしにこうかんのかためあり）。

動［**かたム**］固める、強固にする。固塁不出（るいをかためていでず）。夫固国者在親衆而善隣（それくにをかたむるはしゅうをしたしみりんとよくするにあり）。

副①［**かたク**］頑強に。藺相如固止此（りんしょうじょかたくこれをとどむ）。②［**もとヨリ**］㋐もともと。蛇固無足（へびもとよりあしなし）。㋑絶対に。君子固窮（くんしもとよりきゅうす）。③［**まことニ**］本当に。固一世雄也（まことにいっせいのゆうなり）。

直（漢音チョク、またチ、呉音ジキ）

形［**ちょく、なほシ**］①まっすぐである。其直如矢（そのちょくなることやのごとし）。正曲為直（きょくをただすをちょくとなす）。直則無姿（なおければすなわちすがたなし＝（梅は）真っ直ぐだと見所がない）。②正しい、道理がある。直哉史魚（ちょくなるかなしぎょ（人名）は）。人之生也直（ひとのせいやなおし）。

動①［**なほくス**］のばす、まっすぐにする。枉尺而直尋（しゃくをまげひろをなおくす）。②［**なほくス**］正しくする。枉己者未有能直人者也（おのれをまぐるものにして、いまだよくひとをなおくするものはあらざるなり）。③［**あたル**］あたいする。

不直一銭（いっせんにあたらず）。④［**ちょくス、とのゐス**］当直する。入直殿中（いりてでんちゅうにちょくす）。

【名】①［**あたひ**］価格、代価。②正しい人。挙直（ちょくをあぐ）。

【副】①［**ただちニ**］すぐに。直使送之（ただちにこれをおくらしむ）。②［**ただ**］わずかに、…だけ。直不百歩耳（ただひゃっぽならざるのみ）。

【前】［**あタリテ**］…に。直夜潰囲南出（よるにあたりかこみをついやしてみなみにいづ）。

故（漢音呉音ともコ）

【名】①［**こ**］こと、事柄、変事、故事、先例。中原遂多故（ちゅうげんついにこおおし）。温故知新（ふるきをたずねてあたらしきをしる）。斉魯之故（せいろのこ）。②［**ゆゑ**］理由、原因。我将告子其故（われまさにしにそのこをつげんとす）。凡物之然也必有故也（およそもののしかるやかならずゆえあり）。③［**こ**］旧交、旧知、古馴染み。寡人与子故也（かじんとしとこなり）。敬故（こをうやまう）。

【形】［**こ、ふるシ**］古い。故国。故郷。故人（＝旧友）。衣莫若新人莫若故（ころもはあたらしきにしくはなく、ひとはふるきにしくはなし）。

【動】［**ふル**］衰える、死ぬ。顔色故（がんしょくふる＝容貌が衰えた）。

【副】①［**もとヨリ**］もともと。此物故非西産（このものもとよりにしのさんにあらず）。②［**ことさらニ**］朱亥故不復謝（しゅがいことさらにまたしゃせず）。③［**ゆゑニ**］吾少也賤故多能鄙事（われわかきときいやし、ゆえにひじにたのうなり）。

尚（漢音呉音ともショウ。古く「尚」は「上」に通じ用いた。尚書（経書の一））

【動】①［**たっとブ**］重んじる。尚武（ぶをたっとぶ）。賢士尚志（けんしはこころざしをたっとぶ）。能文尚気概（ぶんをよくしきがいをたっとぶ）。②［**くはフ**］上に重ねる。衣錦尚絅（にしきをきてけいをくわう＝一重の着物を重ねて華やかさを抑える）。草尚之風必偃（草はこれにかぜをくわうればかならずふす）。③［**まさル**］超える、凌駕する。好仁者無以尚之（じんをこのむものはもってこれにまさるなし）。④［**たかくス**］尚志（こころざしをたかくす）。⑤［**ほこル**］君子不自尚其功（くんしはみずからそのこうをほこらず）。⑥［**つかさどル**］天子の衣服食事などを取り締まる。尚衣、尚食（古代の官職名）。

【形】①［**たかシ**］（程度が）高い。文学言治尚於唐虞（ぶんがく（＝学者たち）のちをいうはとうぐ（＝堯舜）よりもたかし）②［**ひさシ**］久しい。維三代尚矣年紀不可考（これさんだいひさし、ねんきかんがうべからず）。

【副】①［**なホ**］（「猶」と同義）元済尚寝（げんさいなおいぬ）。②［（**こひ**）**ねがはくは**］余尚得天下（よこいねがわくはてんかをえん）。

【慣用一】（「…**尚**…（**而**）**況**…**乎**」の形で）［…**スラなホ**…、**しかるヲいわんヤ**…**ヲヤ**］布衣之交尚不相欺況大国乎（ほい（＝庶民）のまじわりすらあいあざむかず、いわんやたいこくをや）。

【慣用二】（「…**尚**…**安**…（**乎**）」の形で）［…**なホ**…**いづくんぞ**…**センヤ**］民不楽生尚不避死安能避罪（たみせいをたのしまざればなおしをさけず、いずくんぞつみをさけんや）。

若（漢音ジャク呉音ニャク。「わかい」の意は「弱」に通用させた

日本語の用法。漢語の「若」にその意味は無い）

動 ①［**ごとシ**］…のようである。大巧若拙（たいこうはせつのごとし）。浮世若夢（ふせいゆめのごとし）。道若大路然豈難知哉（みちはたいろのごとくしかり、あにしりがたからんや）。若合符節（ふせつをあわせるがごとし）。物莫不若是（ものとしてかくのごとくならざるなし）。登山視牛若羊視羊若豚（やまにのぼりてうしをみればひつじのごとく、ひつじをみればぶたのごとし）。②［**しク**］（同等・優劣・最善等の判定）心莫若和（こころはわするにしくはなし）。彼与彼年相若也（かれとかれとしあいしけり）。吾不若子（われしにしかず）。魯有兀者王駘従之遊者与仲尼相若（ろにこっしゃおうたいあり、これにしたがいあそぶもの、ちゅうじにあいしく）。③［**およブ**］及ぶ、達する病未若死（やむにいまだしにおよばず）。④［**えらブ**］選択する。若夫二公子而立之（かのにこうしをえらびてこれを（晋王に）たてん）。⑤［**したがフ**］欽若昊天（つつしんでこうてんにしたがう）。

代 ①［**なんぢ**］あなた。若生而為王子（なんじうまれておうじたり）。若毒之乎（なんじこれをにくむか）。②［**かカル、かクノゴトキ**］このような。君子哉若人（くんしなるかなかくのごときひと）。

接 ①㋐［**もシ**］もしも、万一。若非群玉山頭見会向瑤台月下逢（もしぐんぎょくさんとうにてみるにあらずんば、かならずやようだいげっかにおいてあわん）。㋑（「**若…則…**」の形で）［**もシ…ナラバすなハチ…**］公子若反晋国則何以報不穀（こうしもししんこくにかえらばすなわちなにをもってかふこく（＝私）にむくいん）。②［**もシクハ**］為復子若孫（こもしくはまごをかえさしむ）。③［**ごとキハ**］若民則無恒産因無恒心（たみのごときはすなわちこうさんなければよりてこうしんなし）。④［**すなハチ**］必有忍也若能有済也（かならずしのぶありてすなわちよくなすあり）。⑤［**およビ**］有退之之志若祭文在（たいしのし（＝墓誌）およびさいぶんのあるあり）。

接尾（形容詞・副詞に付く。「如」に同じ）自若。瞠若。

慣用一（「**若為**」の形で）［**いかん、いかんゾ、いかニ**］どのように、いかにして。桃李今若為（とうりいまいかん）。

慣用二（「**若其**」「**若使**」「**若或**」「**若是**」「**若也**」の形で）［**もシ**］もしも。若或成変為難不測（もしへんをなさば、なんたるやはかられず）。

為

（漢音呉音ともイ。㊀のとき平声、㊁のとき去声）

㊀**動** ①［**つくル**］㋐詩文をつくる。王使屈原為之（おうくつげんをしてこれをつくらしむ）。㋑製造（生産）する。魯人為長府（ろひとちょうふ（＝倉庫）をつくる）。為壇而盟（だんをつくりてちかう）。②［**なス**］行なう。不為也非不能也（なさざるなり、あたわざるにあらず）。吾亦為之（われまたこれをなさん）。為仁由己（じんをなすはおのれによる）。③［**なス**］㋐みなす。改之為貴（これをあらためるをとうとしとなす）。克己復礼為仁（おのれにかちれいをふむをじんとなす）。㋑呼ぶ、名づける。北冥有魚其名為鯤（ほくめいにさかなあり、そのなをこんとなす）。㋒（「**以甲為乙**」の形で）顔淵後子曰吾以汝為死矣（がんえんおくる、しいわく、われなんじをもってしせりとなす）。④［**をさム**］㋐治める。天下神器不可為也（てんかはしんき、おさむべからず）。顔淵問為邦（がんえんくにをおさむるをとう）。為道日損（みちをおさむればひにそんず）。㋑治療する。疾不可為也（しつおさむべからず）。⑤［**まなブ**］女為周南召南矣哉（なんじしゅ

うなんしょうなん（＝詩経の編名）をまなべるか）。⑥［**たり、なり**］…である。爾為爾我為我（なんじはなんじたり、われはわれたり）。万物与我為一（ばんぶつわれといちたり）。道通為一（みちつうじていちたり）。与天為徒（てんととたり）。易之為術幽明遠矣（えきのじゅつたるやゆうめいにしてとおし）。⑦［**なル**］荘周夢為胡蝶（そうしゅうゆめにこちょうとなる）。尊為天子富有四海之中（そんてんしとなりとみしかいのなかにあり）。氷水為之而寒於水（こおりみずこれとなりてみずよりもさむし）。⑧［**たすク**］夫子為衛君乎（ふうしはえいのきみをたすけんか）。

助動 ①［**しム、せシム**］今君疾病為諸侯憂（いまきみやまいへいたり、しょこうをしてうれえしむ）。②㋐［**らル、せラル**］（「被」に同じ）父母兄弟皆為戮没（ふぼけいていみなりくぼつせらる）。㋑（「**甲為乙所丙**」の形で「甲ハ乙ノ丙スル所トなル」と訓じ受身の意味を生む）甲は乙に丙せらる。衛太子為江充所敗（えいのたいしこうじゅうのやぶるところとなる）。

㊁**前** ①［**ためニ**］皆為利来（みなりのためにきたる）。為人謀而不忠乎（ひとのためにはかりてちゅうならざるか）。天行有常不為堯存（てんこうつねあり、ぎょうのためにそんせず）。包丁為文恵君解牛（ほうていぶんけいくんのためにうしをとく）。②［**ためニス**］（前置詞用法の動詞化）…のために行なう。古之学者為己（いにしえのがくしゃはおのれのためにす）。

接 ①［**もシ**］為不能聴勿使出境（もししたがわしむあたわざれば、きょうをいださしむなかれ）。②［**すなはチ**］（「則」と同じ）同於己為是之（おのれにおなじければすなわちこれをぜとす）。

将（漢音呉音ともショウ。ただし㊀のときは去声、㊁のときは平声）

㊀**動** ①［**ひきヰル**］将軍撃趙（ぐんをひきいてちょうをうつ）。将男女赴席（だんじょをひきいてせきにおもむく）。②［**しょうトス**］将（軍）にする。斉威王欲将孫臏（せいのいおうそんびんをしょうとせんとほっす）。

名 ［**しょう**］軍の統率者。将（軍）。

㊁**動** ①［**すすム**］日就月将（ひになりつきにすすむ）。為人将車（ひとのためくるまをすすむ）。②［**たすク**］鄭伯将王（ていはくおうをたすく）。③［**おこなフ**］将事不敬（ことをおこないてつつしまず）。④［**おくル**］以君命将之（くんめいをもってこれをおくる）。百両将之（ひゃくりょう（＝百台の車）もてこれ（＝新婦）をおくる）。⑤［**こフ**］将子無怒（こう、しいかるなかれ）。⑥［**やしなフ**］不遑将父（ちちをやしなうにいとまあらず）。⑦［**ゆク**］去る。時幾将（ときほとんどゆかん）。⑧［**したがフ**］九夷賓将（きゅういひんしょうす（＝夷も服従する）。）⑨［**とル**］将筆来（ふでをとりてきたる）。⑩［**ともなフ**］将牛何処去（うしをともないいずこにかさる）。

助動 ［**まさニ…トす**］いまにも（これから）…しそうである（しょうとする）。晏子将至楚（あんしまさにそにいたらんとす）。君子将有為也（くんしまさになすあらんとす）。孟子将朝王（もうしまさにおうにちょうせんとす）。将欲取天下而為之（まさにてんかをとってこれをおさめんとほっす）。

副 ［**はタ**］（反語を表す）国将有不誅者乎（くにはたちゅうせざるものあらんや）。③［**ほとンド**］固天縦之将聖（もとよりてんこれをゆるしてほとんどせいたらんとす）。

前 ［**もっテ、もちヒテ**］蘇秦始将連横説秦恵王（そしんはじめれんこうをもってしんのけいおうにとく）。

接 ①［**と**］（並列）鄭伯将王自圉門入（ていはくおうとぎょもんよりいる）。②［**はタ**］（甲か乙かの選択）また、かつ。将恐将懼（はたおそれはたおそる）。

名 ［**ほとり**］在渭之将（いのほとりにあり）。

爾（漢音ジ呉音ニ）

代 ①［**なんぢ**］出乎爾者反乎爾者也（なんじにいずるものはなんじにかえるものなり）。②［**しかク、しかリ**］このように、そのように。問君何能爾（きみにとう、なんぞよくしかるかと）。

形 ［**ちかシ**］（副詞としても）卑近である。道在爾而求諸遠（みちはちかきにあり、しかしてこれをとおきにもとむ）。

助 ①［**のみ**］（「耳」に同じ）思君爾（きみをおもうのみ）。無他惟手熟爾（たなし、ただてじゅくせるのみ）。非死而徙爾（しするにあらざればすなわちうつるのみ）。②［**か、や**］（通常疑問や反語を表す語と）百姓何苦爾（ひゃくせいなんぞくるしまんや）。

接尾 （副詞や形容詞の後につく。「然・如・乎」と同じ）莞爾（かんじ）。卒爾（そつじ）。

従（漢音ショウ呉音ジュ・ジュウ。㈠の時平声、㈡のとき去声）

㈠**動** ［**したがフ**］㋐従諫（いさめにしたがう）。従我者其由也歟（われにしたがうものはそれゆうなるか）。魯人従君戦（ろひときみにしたがいてたたかう）。不信民弗従（ふしんのたみはしたがわず）。㋑追う。晋韓厥従鄭伯（しんかんすなわちていはくにしたがう）。㋒沿う。従流而下（ながれにしたがいてくだる）。㋓為す。民之従事常於幾成敗之（たみのことにしたがう、つねにほとんどなるにおいてこれをやぶる）。

前 ［**より**］従天降従地出従四方来（てんよりくだりちよりいでしほうよりきたる）。施施従外来（ししとしてそとよりきたる）。

副 ［**よりテ**］従って。長悪不悛従自及也（あくをちょうじてくいず、よりてみずからにおよぶ）。

㈡**名** たて（縦）。

動 ［**ほしいままニス**］欲不可従（よくはほしいままにすべからず）。

形 ［**じゅ、じゅう**］従属的・副次的な様。従一位（じゅいちい）。

所（漢音ソ呉音ショ）

名 ［**しょ、ところ**］㋐場所。居所。㋑立場。㋒本来あるべき所。雅頌各得其所（がしょうおのおのそのところをう）。㋓道理。

助 **あ**（名詞節を作る）①［**ところ**］（動詞・動詞句の前に置き、その全体を名詞節化し、主語・目的語・述語として働く）…するところの人・事・物・場所・理由。㋐（主語として）所当殺乃我也（まさにころすべきところはすなわちわれなり）。所重民食喪祭（おもんずるところはたみのしょくとそうさいなり）。㋑（目的語として）乃大驚問所従来（すなわちおおいにおどろきよりてきたるところをとう）。欲以所事孔子事之（こうしにつかうるところをもってこれにつかえんとほっす）。君子無所争（くんしはあらそうところなし）。㋒（述語として）親喪固所自尽也（おやのもはもとよりみずからつくすところなり）。良人者所仰望而終身也（りょうじんは、あおぎのぞみてみをおうるところなり）。

②（「**甲**（**之**）**所動詞**」の形で「**甲ノ…スルところ**」と訓み甲に限定される名詞節を作る）㋐（主語として）子所雅言詩書（しのがげんするところは、ししょ）。㋑（述語として）魚我所欲也

（うおはわがほっするところなり）。㋒（目的語として）己所不欲勿施於人（おのれのほっせざるところをひとにほどこすことなかれ）。遁辞知其所窮（とんじにそのきゅうするところをしる）。人之所畏不可不畏（ひとのおそるるところはおそれざるべからず）。困而不失其所亨其唯君子乎（くるしみてそのとおるところをうしなわざるは、それただくんしのみか）。賜也非爾所及也（しや、なんじのおよぶところにあらざるなり）。異於吾所聞（わがきけるところにことなり）。水善利万物不争処衆人之所悪（みずはよくばんぶつをりしてあらそわず、しゅうじんのにくむところにおる）。＊この構文では「所子雅言」「所人之畏」「所其窮」「所己不欲」などとはならない点に注意。③（「所＋**動詞**＋者」の形で「…**スルところノモノ**」と訓み主語・主題・目的語となる）君子所貴乎道者三（くんしのみちにとうとぶところのものはさん）。

＊「者」**助**の注＊参照。

い（形容詞節を作る）［**ところノ**］①和氏璧天下所共伝宝也（かしのへきはてんかのともにつたえしところのたからなり）。

う［**ばかり**］ほど。長一寸所（ながさいっすんばかり）。

助動［**べシ**］（「可」と同じ）可能である。非信無所与計事者（しんにあらざればともにことをはかるべきものなし）。

接［**もシ**］もしも。予所否者天厭之天厭之（われもしひなれば、てんこれをすてん、てんこれをすてん）。

慣用一（「**所以**」の形で名詞節を作る）［**ゆゑん**］①（理由・原因を表す）…というわけ、理由。天地所以能長久者以其不自生（てんちのよくながくひさしきゆえんは、そのみずからしょうぜざればなり）。古之所以貴此道者何（いにしえのこのみちをとうとぶゆえんのものはなんぞや）。不以所以養人者害人（ひとをやしなうゆえんのものをもってひとをがいせず）。是非之彰也道之所以虧（ぜひのあらわるるや、みちのかくるゆえんなり）。孟孫子不知所以生不知所以死（もうそんしはいくるゆえんをしらず、しするゆえんをしらず）。②（方法・手段を表す）斐然成章不知所以裁之（ひぜんとしてしょうをなすも、これをさいするゆえんをしらず）。擇言篤志所以居業也（げんをえらびこころざしをあつくするは、ぎょうにおるゆえんなり）。経所以載道也（けいはみちをのするゆえんなり）。③（拠り所・根底を表す）斉盟所以質信也（せいめい（＝きちんとした盟い）はしんをただすゆえんなり）。

慣用二（「**所謂**」の形で）［**いはゆる**］世間で言う、世に言う。何哉爾所謂達者（なんぞやなんじのいわゆるたつとは）。

＊「為」**助動**②㋑参照

者

（漢音呉音ともシャ。『説文』に「事を別つ詞なり」と）

助①［**もの、こと**］（動詞・動詞句・形容詞の後に置き、その全体を名詞節化し、人・事・物を表す）㋐（主語として）知者楽水仁者楽山（ちなるものはみずをたのしみ、じんなるものはやまをたのしむ）。行於万物者道也（ばんぶつにおこなわるるものはみちなり）。奪項王天下者必沛公也（こうおうのてんかをうばうものはかならずやはいこうなり）。有恒産者有恒心（こうさんあるものはこうしんあり）。逝者如斯夫不舎昼夜（ゆくものはかくのごときか、ちゅうやをおかず）。欲殺者屡矣（ころさんとほっすることしばしばなり）。㋑（述語として）我待賈者也（われはこをまつものなり）。仲尼不為已甚者（ちゅうじははなはだしきをなさざるものなり）。大人者不失其赤子心者也（たいじんは、そのせきしのこころをうしなわざるものなり）。聖人与我同類者

（せいじんとわれとはるいをおなじくするものなり）。㋒（目的語として）毋友不如己者（おのれにしかざるものをともとすることなかれ）。未聞好学者也（いまだがくをこのむものをきかず）。我未見好仁者悪不仁者（われいまだひとをこのむものとふじんをにくむものとをみず）。我非生而知之者（われはうまれながらにしてこれをしるものにあらず）。暴虎馮河死而無悔者吾不与也（ぼうこひょうが、ししてくいなきものにはわれくみせざるなり）。以其小者信其大者（そのしょうなるものをもってそのだいなるものをしんず）。②（動詞句の後に置き、その全体を形容詞節化し、後に来る名詞を修飾する）子食於有喪者側未嘗飽也（し、そうあるもののかたわらにしょくするときは、いまだかつてあかず）。③［**は**］（名詞・名詞句の後に置き、主語・主題であることを示す）…とは、…というものは。佳兵者不祥之器（かへいはふしょうのうつわなり）。誠者天之道也（まことはてんのみちなり）。名者実之賓也（なはじつのひんなり）。無為而尊者天道也（むいにしてとうときはてんどうなり）。③（「**有甲者**」の形で）㋐（「甲」に名詞が来て）［**甲ナル（トイフ）ものあり**］甲という人がいる。有顔回者（がんかいなるものあり）。吾党有直躬者（わがとうにちょくきゅうなるものあり）。＊「甲ある者」と解釈される場合もあるので注意。①㋐の4つ目の例の「有恒産者」。㋑（「甲」に動詞・動詞句が来て）［**甲スルものあり**］甲する人がいる。有牽牛而過堂下者（うしをひきてどうかをすぐるものあり）。

＊①の用法で「動詞（句）＋者」の形の場合、句の頭に更に「所」を置いて「**所**＋**動詞句**＋**者**」として「**…スルところノもの**」の形にすることがある。所貴道者書也（みちをとうとぶところのものはしょなり）。所持者狭而所欲者奢（じするところのものせまくして（＝少ない）、ほっするところのものしゃなり）。其妻問所与飲食者（そのつまともにいんしょくせしところのものをとう）。＊「所」助あ③参照。

接 ①［**ば、れば**］…ならば、…すると。源濁者流不清（みなもとにごればながれすまず）。善建者不抜（よくたつればぬけず）。知彼知己者百戦不殆（かれをしりおのれをしらばひゃくせんあやうからず）。＊万葉仮名で書かれた『万葉集』にはこの用法の「者」が「夕去者＝ゆうされば」などのように頻出する。②［**は**］（原因結果を表す重文の結果節の後に付け、「…となったのは、…であるのは」の意味を表し、後に続く「こういうことからだ」という原因文を導く）吾妻之美我者私我也（わがつまのわれをびなりとするは、われにわたくしすればなり＝身びいきしたからだ）。為淵敺魚者獺也（ふちのためにうおをかるものはかわうそなり＝淵に魚が追われるのは川獺だからだ）。吾所以有大患者為吾有身（われにたいかんあるゆえんのものは、われにみあるがためなり）。天地所以能長且久者以其不自生（てんちのよくながくひさしきゆえんはそのみずからしょうぜざるをもってなり）。善吾生者乃所以善吾死也（わがせいをよしとするは、すなわちわがしをよしとするゆえんなり）。

接尾（時間を表す語の後に付く）古者（いにしえ）。昔者（むかし）。今者（いま）。

慣用一（「**何者**」の形で）［**なんゾヤ、なんトナレバ**］

慣用二（「**不然者**」の形で）［**しからザレバ**］

慣用三（「**然者**」の形で）［**しかラバ**］

与（漢音呉音ともヨ。㊀のとき上声、㊁のとき去声、㊂のとき平声）

㊀**動** ①［**くみス**］従う、助ける、同ずる、賛成する。与其進也不与其退也（そのすすむにくみせん、そのしりぞくにくみせず）。人絜己以進与其絜也（ひと、おのれをきよくしてもってすすまば、そのきよきにくみせん）。天道无親常与善人（てんどうはしんなく、つねにぜんにんにくみす）。与不仁之甚者也（ふじんにくみするのはなはだしきものなり）。桓公知天下諸侯多与己也（かんこう、てんかのしょこうおおくおのれにくみするをしれり）。朝過夕改君子与之（あしたにあやまちゆうべにあらたむ、くんしはこれにくみす）。是与人為善也（これひとのぜんをなすにくみするなり）。吾与汝弗如也（われなんじのしかざるにくみす。＊「われとなんじとしかざるなり」とする解釈もある）。②［**あたフ**］与える。荘子曰道与之貌天与之形（そうしいわく、みちこれにぼうをあたえ、てんこれにけいをあたう）。与人者不問其所欲（ひとにあたうるものは、そのほっするところをとわず）。天子不能以天下与人（てんしはてんかをもってひとにあたうるあたわず）。嘑爾而与之行道之人弗受（こじとして（＝横柄に）これをあたうれば、みちをゆくひともこれをうけず）。③［**ともニス**］仲間になる、一緒にする。吾非斯人之徒与而誰与（われこのひとのととともにするにあらずして、たれとともにかせん）。歳不我与（としわれとともにせず）。④［**いフ**］斗酒勿与薄（としゅうすしというなかれ）。⑤［**たすク**］助ける。⑥［**ゆるス**］許す。与其進也不与其退也（そのすすむをゆるさん、そのしりぞくをゆるさず）。

名［**よ、くみ**］仲間、くみ、同類。人貌有与也（ひとのかたちはよあるなり）。其応者必其人之与也（そのおうずるものは、かならずやそのひとのよなり）

接 ①［**と**］（語・句の並列関係を表す）仁与義（じんとぎと）。知可以戦与不可以戦者勝（もってたたかうべきと、もってたたかうべからざるをしるものは、かつ）。②［**より、よりハ**］（「**与甲寧**［**甲よりハむしロ…**］」「**与甲不如**［**甲よりハ…ニしカズ**］」「**与甲孰若**［**甲よりハ…ニいづれゾ**］」などの形で）礼与其奢也寧倹（れいはそのおごらんよりはむしろけんなれ）。与其有聚斂臣寧有盗臣（そのしゅうれんのしんあらんよりはむしろとうしんあれ）。与其得百里於燕不若得十里於宋（そのひゃくりをえんにえんよりは、じゅうりをそうにうるにしかず）。与其有誉於前孰若無毀於其後（そのまえにほまれあらんよりはそののちにそしりなきにいずれぞ）。

前 ①［**と、ともニ**］天地与我並生而万物与我為一（てんちわれとならびしょうじて、ばんぶつわれといちたり）。堯舜与人同耳（ぎょうしゅんもひととおなじきのみ）。損益盈虚与時偕行（そんえきえいきょ、ときとともにおこなう）。②［**ためニ**］与人傭耕（ひとのためにようこうす）。③［**もっテ**］必与公子為賓也（かならずこうしをもってひんとなす）。④［**に**］（受動文で動作主を表す）遂与句踐禽（ついにこうせんにとりこにせらる）。⑤［**と**］…に対して。

副 ①［**すべテ**］故天下之君子与謂之不祥者（ゆえにてんかのくんし、すべてこれをふしょうなるものという）。②一緒に。自暴者不可与有言也自棄者不可与有為也（じぼうするものは、ともにいうあるべからず、じきするものは、ともになすあるべからず）。商也始可与言詩已矣（しょうや、はじめてともにしをいうべきのみ)。鳥獣不可与同群(ちょうじゅうとはともにぐんをおなじくすべからず)。有争気者勿与辯也(そうきあるものとはともにべんずるなかれ)。子桑戸孟子反子琴長三人相与友(しそうこ、もうしはん、しきんちょう、さんにんあいともにともたり)。

二動「**あづかル**」参加する。巍巍乎舜禹之有天下也而不与焉(ぎぎこたり、しゅんうのてんかをたもてるや、しかもあずからず)。聾者無以乎与鐘鼓之聲(ろうしゃはもってしょうこのこえにあずかることなし)。盲者無以与乎眉目顔色之好(もうしゃはもってびもくがんしょくのよきにあずかることなし)。於事無与親(ことにおいてあずかりみずからすることなし)。人之有所不得与皆物之情也(ひとのあずかることをえざるところあるは、もののじょうなり)。

三助(文末に置く)①「**か**」(疑問を表す)求之与抑与之与(これをもとめしか、そもそもこれをあたえしか)。子在陳曰帰与帰与(しちんにあり、いわくかえらんかかえらんか)。其為仁之本与(それじんのもとたるか)。仲由可使従政与(ちゅうゆうはまつりごとにしたがわしむべきか)。②「**か、かな**」(感嘆を表す)吾楽与(われたのしきかな)。

慣用(「**孰与**」の形で)「**いづレ**」坐而待亡孰与伐之(ざしてほろぶるをまつは、これをうつにいずれぞ)。

焉(漢音呉音ともエン)

副(動詞の前に置く)①「**いづクンゾ**」(反語)どうして…か(いや…ではない)。焉用質(いずくんぞちをもちいん=どうして人質が必要だろうか)。割鶏焉用牛刀(にわとりをさくにいずくんぞぎゅうとうをもちいんや)。先生之門固有執政焉如此哉(せんせいのもんもとよりしっせいあるいずくんぞかくのごとからんや)。②「**いづクニ、いづクニカ**」其子焉往(そのこいずくにかゆく)。③「**なんゾ**」欲仁而得仁又焉貪(じんをほっしてじんをえたり、またなんぞむさぼらんや)。

代(ふつう動詞の後ろに置く)①「**これ**」衆好之必察焉(しゅうこれをこのまば、かならずこれをさっす)。上有好音下必有甚焉者(かみにこうおんあればしもにかならずこれよりはなはだしきものあり)。②「**ここニ**」彼亦直寄焉(かれまたただここによすのみ)。天子焉始乗船(てんしここにはじめてふねにのる)。③「**これヨリ**」㋐ここから。又有至焉者(またここよりいたるものあり)。㋑(比較の対象を示す)天下莫強焉(てんかこれよりつよきはなし)。④「**これニ**」(受身の文で)賢者更礼而不肖者拘焉(けんなるものはれいをあらたむるも、ふしょうなるものはこれにとらわる)。

前(「於」に同じ)①(時間や場所を示す)自然存焉天地之間(しぜんにてんちのかんにそんす)。②「**ヨリ**」(比較の対象を示す)人莫大焉亡親戚君臣上下(ひとしんせきくんしんじょうげをなみするよりだいなるはなし)。

助①「**これ**」(「目的語+動詞」の倒置構文のとき、目的語と動詞の間に置かれる)我周之東遷晋鄭焉依(わがしゅうのとうせんせしとき、しんていにこれよる)。

接尾 少焉(=しばらく)。休休焉(=寛容なさま、安らかなさま)。

（二）

＊以下の見出し語の記述では、日本語の意味用法と共通の訓み・意味用法は原則的に略した。また、これらの訓み・意味用法は必ずしもその漢字の標準的なものとは限らないことに注意。訓みがなで意味が通じる場合は訳語は省いた。語義によっては音・平仄が変わる場合が多々あり、若干の注記は入れたが正確には辞書で確認をお願いしたい。

あ　**亜**　①［おほフ］隠す。②［おさフ］押さえる。③［よル］寄り添う。

あく　**悪**　（以下の意味では音「オ」）①［にくム］嫌う。悪酔而強酒（ようことをにくんでさけをしう）。悪似而非者（にてひなるものをにくむ）。②［そしル］中傷する。③［はヅ］恥ずかしく思う。④［いづクニカ］敢問夫子悪乎長（あえてとう、ふうしいずくにかちょうぜる）。⑤［いづクンゾ］吾悪乎知之（われいずくんぞこれをしらん）。

あん　**安**　①［いづク］どこ。②［いづクンゾ］どうして。少年安得長少年（しょうねんいずくんぞながくしょうねんたることをえんや）。③［ここニ］

あん　**暗**　［おほフ］覆う。霧暗山中日（きりさんちゅうのひをおおう）。

あん　**案**　①［おさフ］押さえる。②［ここニ］③机。

い　**委**　①［すツ］投げ捨てる。②［なユ］衰える、枯れる。③［つム］積む。

い　**威**　①［おそル］恐れる。死喪之威（しそうのおそれ）。②［おどス］恐れさせる。声威天下（こえてんかをおどす）。

い　**意**　①［おもフ］思う。②［そもそも］③［ああ］（「噫」に通ず）（感嘆詞）

い　**移**　［あたフ］与える、施す。有移徳於我（とくをわれにあたうることあり）。

い　**維**　①［おもフ］思う。②［つなグ］結ぶ。③［つな］綱、綱紀。四維（＝礼・儀・廉・恥）。④隅。四維（乾（西北）・坤（西南）・艮（東北）・巽（東南））。⑤［これ］（文のリズムを整える助詞）維新（これあらたなり）。⑥［もっテ］

い　**緯**　［い、よこいと］横糸。

い　**違**　［さル］離れる、避ける。違禽獣不遠矣（きんじゅうをさることとおからず）。

い　**遺**　①［うしなフ］無くす。②［わすル］忘れる。守一隅而遺万方（いちぐうをまもりてばんぽうをわする）。

い　**医**　うつぼ、ゆぎ（弓矢を入れる箱）。

いき　**域**　［あル］存在する。堅白域於石（けんぱくいしにあり＝堅さと白さは石に存在する）。

いつ　**逸**　①［はしル］走って逃げる。②［かくル］隠れる。③［はなツ］釈放する。④［うス］無くす。⑤［やすラカ］⑥［はやシ］速い。

いん　**因**　①［かさヌ］増す。因之以飢饉（これにかさぬるにききんをもってす)。②［よル］頼る。

いん　**陰**　①［おほフ］覆う。②［かばフ］かばう。

いん　**隠**　①［いたム］憐れむ。②［よル］寄りかかる。③［ひそカ二］

う　**雨**　①［ふル］（空から）降る（降らす）。大雨雹（おおいにひょうふる）。蒼頡作書而天雨粟（そうけつしょをつくりて、てんぞくをふらす）。②［うるホス］潤す。

うん　**運**　［めぐラス、めぐル］駆使する、回転させる（する）。是故能天運地滞（このゆえによくてんめぐりちとどまる）。

えい　**営**　①［めぐラス］取り囲む。②［まどハス、まどフ］惑わす、迷う。

えい　**栄**　①［さク］（花が）咲く。②花。

えい　**英**　①［ひいヅ］秀でる。②花。

えい　**衛**　①［まもル］防ぐ。②［いとなム］養う。③［まもリ］守り、守備兵。

えい　**鋭**　［ちひサシ］微小な。以玉賈罪不亦鋭乎（ぎょくをもってつみをかうはまたちいさからずや）。

えき　**益**　①［みツ］満ちる、みなぎる。②［ますます］

えつ　**越**　①［つたフ、ひろム］伝え広める。②［おツ］墜落する。越于車下（しゃかにおつ）。③［ちル］散り失せる。④［とほク］遠くに。⑤［およビ］⑥［ここ二］

えつ　**閲**　①［いル］納める。②［すブ］集める。③［みル］読む。査閲。

えん　**援**　［ひク］引く、推薦する、引用する。②救助、助け。

えん　**演**　①［うるほフ、うるほス］湿る、湿らせる。②［ながル］遠く流れる。③［のブ］述べる。

えん　**炎**　①［やク］燃やす。②［あつシ］熱い。

えん　**縁**　①［よル］従う、よじ登る。②［よリ］…によって。③［よル］…だからだ。

お　**汚**　①［あらフ］洗い落とす。②［くだル］程度が低い。③［ほル］掘る。

おう　**央**　①［つク］尽きる。②［ひさシ、とほシ］久しい。

おう　**奥**　①［にごル］濁っている。②［あたたカシ］暖かい。③［くま］流れの湾曲した所。

おう　**往**　①［おくル］送り届ける。②［むかフ］向かう。

おう　**応**　［ただチ二］応皆平定（ただちにみなへいていす）。

おう　**横**　①［よこタフ、よこタハル、よこギル］横四維含陰陽（しいによこたはりていんようをふくむ）。②［ほしいまま二］

おう　**欧**　①［うたフ］歌う。②［うツ］叩く。③［はク］嘔吐する。

おう　**王**　①［おうス］王にまみえる。②［おうタリ］王である。③［おうトス］王にする。②［ゆク］行く。及爾出王（なんじといでてゆく）。

おん　**音**　［かげ］木陰（「蔭」に通ず）。鹿死不選音（しかしするときかげをえらばず）。

おん　**温**　［たづヌ］おさらいをする。温故而知新（ふるきをたずねてあたらしきをしる）。＊「あたたむ」と訓ずる説もある。

か　**仮**　①［かス］貸す。②［かル］借りる。仮不反矣（かりてかえさざらん）。③［いたル］（音「カク」）至る。④

［かりニ、もシ］仮に、もしも。
か　**佳**　［よみス］称賛する。
か　**加**　①［ますます］さらに。②［まタ］その上。
か　**可**　①［あタル］向き合う。②［いユ］癒える。③［ばかリ］…ほど。④［あニ、いづクンゾ］どうして。⑤［きク］許す。
か　**夏**　①［いへ］大きな家。②［おほイナリ］大きい。
か　**嫁**　［ゆク］行く。
か　**科**　［あな］穴。盈科而後進（あなにみちしかるのちにすすむ）。
か　**架**　［しのグ］凌駕する。
か　**火**　［やク］焼く、焼ける。
か　**稼**　①［うウ］植える。②［みのリ］稔り。
か　**課**　①［こころム、はかル］試す。
か　**貨**　①［うル］売る。②［まひなフ］買収する。
か　**過**　①［あたフ］渡す。②［とがム、せム］譴責する。
が　**画**　［はかル］計画する。
が　**賀**　①［ねぎらフ］ねぎらう。②［くはフ］増加する。賀之結于後（これをくはえてあとにむすぶ）。
が　**雅**　①［ただシ］模範的である。②［つねニ、もとヨリ］平素。③［はなはダ］
かい　**戒**　［そなフ］備える。能戒之（よくこれにそなう）。
かい　**介**　①［たすク］助ける。介爾景福（なんじのけいふくをたすく）。②［ちかヅク］③［へだツ］隔てる。④［やどル］休息する。⑤［よル］頼る。⑥［みさを］節操。⑦［よろひ］鎧。
かい　**会**　①［かならズ］きっと。②［たまたま］ちょうど。
かい　**解**　①［よク（肯定文で）、あたフ（否定文で）］できる。②［おくル］送る。③［おこたル］気が緩む。④蟹。
かい　**回**　①［たがフ］背く。②［まどフ、まどハス］惑う、惑わす。③［よこしま］邪。淑人君子其徳不回（しゅくじんくんし、そのとくよこしまならず）。
かい　**壊**　［やぶル］（状態が）悪くなる。
かい　**快**　①［はやシ］速い。此馬雖快然力薄（このうまはやしといえどもしかれどもちからうすし）。②［よク］できる。
かい　**懐**　①［つつム］包囲する。②［やすンズル］安心させる。③［なつク］親しむ。民心無常惟恵之懐（みんしんはつねなし、ただけいにこれなつく）。④［いたっテ］きわめて。
かい　**拐**　［かどはかス、かたル］誘拐する。
かい　**皆**　①［あまねシ］万遍なし。②［ともニ］
かい　**届**　［きはマル］尽き果てる。
がい　**外**　［そむク］離反する。
がい　**害**　①［にくム］②［おそル］恐れる。③［なんゾ］なぜ。④［いづレ］どれ。⑤［いツ］
がい　**概**　①［なげク］②［ならス］平らにする。③［すブ］ざっとまとめる。④［みさを］節操。
がい　**涯**　①［かぎル］限度を設ける。②［かぎリ］極限。
がい　**該**　①［かヌ、そなフ］博く有する。②［ことごとク］普く。③［まさニ…スベシ］
かく　**各**　［みな］すべて。

かく　**格**　①［あタル］匹敵する。②［いたル］達する。神之格思不可度思（かみのいたること、はかるべからず。＊「思」参照）。③［うツ］戦う。④［ただス］是正する。⑤［はばム］妨げる。

かく　**核**　［しらブ］調査する。

かく　**確**　［かたシ］堅い。

かく　**覚**　［へだタリ］差。

かく　**角**　［くらブ］競う。

かく　**較**　①［しらブ］審査する。②［いユ］病気が治る。③［たがフ］差がある。③［あきラカ］④［へだたり］差。⑤［やや］幾分。⑥横木。

かく　**閣**　［おク］置く、とどめる。

かく　**隔**　［うツ］（音「ゲキ」）打つ。

かく　**革**　①［せまル］危うい、差し迫る。②［あらたム］変える。君子豹変小人革面（くんしはひょうへんし、しょうじんはおもてをあらたむ）。

かつ　**割**　［そこなフ］害をなす。

かつ　**括**　①［しらブ］検査する。②［さがス］③［やはず］弦をかける矢の部分。

かつ　**滑**　①［にごス］濁らせる。滑其泥而揚其波（そのどろをにごしそのなみをあぐ）。②［みだス］かき乱す、惑わせる。

かん　**冠**　［つらぬク］貫通する。

かん　**寒**　［ひヤス］冷却する、盟約を解く。

かん　**刊**　①［きざム］彫る。②［けづル］切る。

かん　**勧**　［つとム］励む。

かん　**巻**　①［をさム］撤収する。②［みめよシ］美しい。

かん　**完**　［まったウス］完全にする、完全を保つ。不如完旧（きゅうをまっとうするにしかず）。［かたシ］堅牢な。

かん　**官**　［のっとル］範とする。

かん　**寛**　①［ゆるス］許す。②［ゆるヤカ］

かん　**患**　［わづらハス］害をなす。

かん　**感**　［うごカス］動かす。無感我帨兮（わがぜい（＝手拭）をうごかすなかれ）。

かん　**款**　①［いたル］②［たたク］③［とどマル］居住する。④［よろこブ］⑤［ゆるシ］緩い。⑥［まこと］誠意。⑦［よしみ］友好。

かん　**環**　①［めぐラス、めぐル］取り囲む。

かん　**監**　①［かヌ］代行する。②［みル］見る、監視する。

かん　**看**　①［みすみす］見るうちに。今春看又過（こんしゅんみすみすまたすぐ）。②待遇。

かん　**管**　①［かク］気にかける。②［かヌ］かねる、包括する。

かん　**簡**　①［あなどル］粗略にする。②［いさム］直言する。③［えらブ］精選する。

かん　**観**　［おほシ］多い。

かん　**貫**　①［つかフ］仕える。②［なル］慣れる。③［ひク］（弓を）引く。

かん　**還**　①［めぐル］囲む。②［なホ］依然として。③［また］④［もシ］もしも。⑤［すなハチ］

かん　**間**　①［へだツ］隔てる。②［あづカル］参加する。③［いユ］病気が治る。④［うかがフ］隙に乗じる。⑤［かハル］交代する。⑤［しづカ］⑥［しばラク、しばシ］⑦［なル、ならフ］習熟する。⑧［まま］ときどき。

かん　**閑**　①［さへギル］制限する。②［なル、ならフ］習熟している。赦其不閑於教訓（そのきょうくんにならわざるをゆるす）。③［ふせグ］防ぐ、守る。④［のり］規則。

かん　**関**　①［つらぬク］貫通する。②［ひク］弓を引く。

かん　**陥**　①［おク］居らせる。②［かク］欠ける。③［とホス］貫き通す。

かん　**館**　［やどル、やどス］宿に泊まる（泊まらせる）。

がん　**岩**　［けはシ］堅固な。

がん　**頑**　［たはむル］遊ぶ（「玩」に通ず）。頑過日（たはむれてひをすごす）。

がん　**願**　①［おもフ］考える。②［つねニ］

き　**危**　①［たかシ］そびえている。②［むね］棟。

き　**基**　［はじム］始める。

き　**奇**　［はなはダ］

き　**希**　①［こひねがフ］熱望する。②［むかフ］迎合する。

き　**幾**　①［ねがフ］望む。②［みル］審査する。③［あやフシ］危険な。④［きざシ］前触れ。⑤［かなめ］⑥［あニ］どうして。⑦［ほとんド］所以異於深山之野人者幾希（しんざんのやじんにことなるゆえんのものはほとんどまれなり）。

き　**忌**　①［ねたム］嫉妬する。②［おそル］恐れる。

き　**既**　①［およブ］②［つク］皆既食になる、尽きる。

き　**期**　［や、か］（句末の疑問の助詞）

き　**機**　［あやフシ］危険な。

き　**帰**　①［おくル］贈る。②［とつグ］嫁ぐ。故仲子帰于我（ゆえにちゅうしわれにとつぐ）。

き　**気**　［おくル］食べ物を贈る。斉人気諸侯（せいひとしょこうにおくる）。

き　**紀**　①［をさム］治める。②［のり］規律。

き　**規**　①［のっとル］倣う。②［はかル］図る。③［かぎル］区切る。④［ただス］諫める。⑤ぶんまわし（コンパス）。

き　**貴**　［ほッス］欲する、したい。

き　**軌**　［よル］従う。

ぎ　**儀**　①［のっとル］範とする。②［むカフ］思慕する。③［よろしク…ベシ］④礼儀、模範。

ぎ　**宜**　［ほとんド］ほぼ。

ぎ　**擬**　①［はかル］推測する。②［ぎス］…しようとする。擬訪北山友（ほくざんのともをたずねんとぎす）。

ぎ　**欺**　①［あなどル］馬鹿にする。②［まさル］勝る。

ぎ　**議**　［そしル］非難する。

きつ　**詰**　①［いましム］禁止する。②［しらブ］取り調べる。

ぎゃく　**虐**　①［そこなフ］殺す。②［わざはヒ］災厄。

ぎゃく　**逆**　①［むかフ］出迎える、受け取る。逆女（じょをむかう）。天地者万物之逆旅光陰者百代之過客（てんちはばんぶつのげきりょ（＝「旅人を迎える」即ち宿屋。「ゲキ」は漢音、慣用的にこの場合漢音で読む）にして、こういんはひゃくだいのかかくなり）。②［あらかじメ］

きゅう　扱　①［をさム］収める。②［およブ］至る。③［ひク］引き取る。④［さス］挿す。

きゅう　久　①［ふさグ］塞ぐ。②［まツ］もてなす。

きゅう　休　①［やム］辞する、停止する。②［ゆるス］（罪を）許す。③［よシ］立派な。④［やめヨ］…するな。休問（とうをやめよ）。

きゅう　及　①［つグ］継続する。②［と］…と。

きゅう　宮　①［かこム］取り囲む。②［いへ］住居。

きゅう　究　①［はかル］謀る。②［つヒニ］結局。

きゅう　糾　①［あざなフ］より合わせる。②［あハス］集める。③［ただス］取り締まる、検挙する。

きゅう　九　［あつム］一所に集める。

きょ　去　［をさム］収蔵する。

きょ　居　［か］（疑問・感嘆の助詞）

きょ　巨　①［あニ、なんゾ］（反語）まさか。

きょ　拒　［まもル］（しっかり）守る。

きょ　虚　①［あと］跡。②［をか］（大きな）丘。

きょ　許　①［もと］所。②［これ］③［ばかリ］…ほど。④［かク］このように。

きょ　距　①［いたル］達する。②［ふせグ］抵抗する。③［まもル］守る。④［へだツ］離れる。距今九日（いまをへだつることここのか）。④［をどル］跳ぶ。⑤［あニ、なんゾ］まさか。

ぎょ　御　①［むかフ］迎える。百両御之（ひゃくりょう（＝百台の車で）これをむかふ）。②［をさム］治める。

きょう　糾　［あざなフ］よりあわせる。

きょう　享　［すすム］捧げる、献上する。

きょう　京　①［をか］（人工的な）丘。②［おほイナリ］大きな。

きょう　競　［つよシ］強い。詩曰無競惟人善矣（しにいはくこれひとよりつよきはなしとはよし）。

きょう　共　①［むかフ］向かう。北辰居其所而衆星共之（ほくしんそのところにいて、しゅうせいこれにむかう）。②［そなフ］供給する（「供」に同じ）。王祭不共（おうのまつりそなはらず）。

きょう　凶　①［おそル］恐れ騒ぐ。②［わざわい］凶事。

きょう　協　①［あハス］（力を）合わす。②［ととのフ］ととのえる。④［やはラグ］和らげる。⑤［ともニ］共同で。

きょう　恐　［おどス］威嚇する。

きょう　橋　［いつはル］偽る。

きょう　況　①［たとフ］なぞらえる。②［たまフ］与える。③［ますます］

きょう　挟　［あまねシ］行き渡った。

きょう　矯　①［あグ］持ち上げる。②［いつはル］かこつける。③［つよシ］強い。

きょう　脅　①［をさム］すぼめる。②［そびヤカス］（肩を）すぼめる。③脇。

きょう　興　［よろこブ］楽しむ。

きょう　鏡　①［かんがム］鏡に見る、参考にする。②［てラス］輝き照らす。

ぎょう　暁　［まうス］告げる、知らせる。

きょく　局　①［せぐくム］身を屈める。②［ちかシ］近い。

きょく　曲　［つまびラカ］細々と行き届いた。

きょく　極　①［つかル］疲れ果てる。つかれる、②［すみヤカ］急な。③（家屋の）棟。

きん　勤　①［ねぎらフ］②［うれフ］心配する。③［つク］尽きる。纖微而不可勤（せんびにしてつくすべからず）。

きん　均　①［ととのフ］調節する。②［はかル］量る、比べる。

きん　禁　①［たフ］もちこたえる、（任に）たえる。②［とどム］制止する。

きん　緊　①［かたシ］堅い。②［かたサ］堅さ。

きん　今　①［これ］②［もシ］もしも。

ぎん　吟　①［うめク］呻く。其声如吟（そのこえうめくがごとし）。②［どもル］吃る。口吟（くちどもる）。③［つぐム］口を閉ざす。

ぐ　虞　①［うれフ］憂える。②［あざむク］③［のぞム］待ち望む。④［たのシム］⑤［あやマル］誤解する⑥［おもんばかル］予想する。

くう　空　①［かク］不足する。②［つク］尽きる。③［ひろシ］広大な。

ぐう　隅　［ほとり］辺鄙な地。

くつ　屈　［つク］尽きる。用不屈兮（もちふれどもつきず）。

くつ　掘　［つク］尽きる。

くん　訓　［したがフ］従う。

ぐん　群　［あはス］集める。

けい　刑　①［をさム］治める。②［なル］成就する。③［のっとル］範とする。④［のり］範、手本。

けい　兄　［ますます］

けい　契　①［きざム］刻む。②［わりふ］割符。

けい　形　①［あらはス、あらはル］はっきり現れる（現す）。感於物而動故形於声（ものにかんじてうごく、ゆえにこえにあらわる）。行無隠而不形（おこないはかくれてあらわれざることなし）。②［くらブ］対照する。

けい　径　①［ゆク］直行する。②［はやシ］速やかな。③［ただチニ］直接、すぐ。

けい　慶　［よろこブ］

けい　憩　［とどム］止める。願少憩神駕（ねがはくはしばらくしんがをとどめよ）。

けい　携　［はなル］分離する。

けい　敬　［つつしム］厳粛である、重んずる。

けい　景　［ひかり］日光。

けい　系　①［かク］かけつながる。②［すぢ］糸筋、つらなり。

けい　経　①［をさム］治める。経之以五事（これをおさむるにごじをもってす）。②［くびル］首をくくる。

げい　芸　［うウ］植える。

げき　劇　①［たはむル］遊ぶ。②［かたシ］困難な。

げき　激　［はげム］発奮する。

けつ　決　①［ゑぐル］抉る。③［きル］切る、決壊する。③［わかル］別れを告げる。④［かなラズ］⑤ゆがけ（弓を射るときの親指にはめる用具）。

けつ　穴　［うがツ］穴を開ける。

けつ　結　［めぐラス］めぐらす。

けつ　血　［ちぬル］血を塗る。

けん　件　［わかツ］区分けする。

けん　兼　［かヌ］①併せる。②優れる。以力兼人者弱以富兼人者貧古今一也（ちからをもってひとをかぬるものはよわく、とみをもってひとをかぬるものはまずし、ここんいつなり）。

けん　**健**　［はなはダ］

けん　**建**　①［くつがへス］（上声）ひっくり返す。②［をざス］（去声）（北斗七星の柄が）指す。

けん　**憲**　①［のっとル］範とする。②［しめス］明示する。③［のり］法令。④［とし］敏捷な。

けん　**検**　［のり］規則、法律。

けん　**権**　［はかル］計量する、判断する。

けん　**研**　［きはム］究める。

けん　**県**　［かク、かカル］掛ける、吊るす。

けん　**肩**　①［になフ］かつぐ。②［たフ］（重さに）耐える。③［まかス］任用する。

けん　**見**　［すすム］引き合わせる、推薦する。

けん　**賢**　①［まさル］優れる。②［よシ］善良な。

けん　**軒**　①［たかシ］高い。②［あグ］飛びあがる、持ちあげる。

けん　**遣**　［すツ］放棄する。

げん　**原**　①［たづヌ］元を追求する。原始察終（はじめをたずねおわりをさっす）。②［もとヅク］由来する。③［ゆるス］赦免する。④［もとヨリ］元々。

げん　**厳**　［たふとブ］尊重する。

げん　**源**　［たづヌ］探求する。

げん　**言**　①［ここニ］（語調を整える語）永言配命自求多福（ながくここにめいにはいし（＝天命に従い）、おのずからたふくをもとむ）。②［われ］私（主に「詩経」で）。

こ　**箇**　①［かク］このように。白髪三千丈縁愁似箇長（はくはつさんぜんじょう、うれいによってかくのごとくながし）。②［これ、こノ］箇是洛川神（これはこれらくのせんしん）。

こ　**呼**　［はク］息を出す。

こ　**孤**　①［かへりみル］心にかける、思う。②［そむク］背く。③弓。

こ　**弧**　［ゆみ］弓。

こ　**戸**　［とどム］とどめる。

こ　**誇**　［あらシ］粗い。

こ　**顧**　①［むくユ］代価を払う。②［あニ］どうして。③［かへッテ］逆に。顧不易耶（かえってやすからずや）。④［もとヨリ］当然。⑤［ゆゑニ］⑥［すなはチ］⑦［ただ］…、ただ…。

ご　**午**　①［さかフ］そむく。②［むかフ］出迎える。

ご　**語**　［つグ］告げる。

ご　**護**　［すブ］統率する。護趙楚韓魏燕之兵以伐斉（ちょうそかんぎえんのへいをすべもってせいをうつ）。

こう　**交**　①［まじハル］接触する。②［まじユ］流通させる。③［しム］…させる。④［こもごも］

こう　**侯**　①［これ、ここニ］（調子を整える助詞）。②［なんゾ］どうして。③［まと］的。

こう　**候**　［まツ］待つ、迎える。

こう　**光**　①［みツ］充満する。②［おほいニ］大いに。光有天下（おおいにてんかをたもつ）。

こう　効　［ならフ］まねる、ならう。

こう　向　①［いま］今。②［さきニ］以前。向上書及所著文（さきにしょおよびあらわすところのぶんをたてまつる）。

こう　孔　［はなはダ］謀夫孔多（ぼうふはなはだおおし）

こう　巧　［よク］…できる。

こう　広　［むなシ］何もない。

こう　康　①［ほム］褒める。②［やすシ］安らか。③［おほいナリ］大きい。酌彼康爵（かのおおいなるしゃくをくむ）。

こう　恒　［わたル］引き続く。

こう　抗　①［あツ］匹敵する。②［あグ］上げる。③［たかシ］高い。

こう　控　①［つグ］告げて訴える。②［なグ］投げる。③［ひかフ］控える。

こう　攻　①［かたシ］堅固な。②［みがク］他山之石可以攻玉（たざんのいし、もってたまをみがくべし＝他人の言行でも自分の人格を磨くことができる）。

こう　更　①［ふ］経る、経験する。②［つぐなフ］償う。③［あニ］いったい。

こう　校　①［あタル］対抗する。②［あらがフ］抵抗する。犯而不校（おかさるれどもあらがわず）。③［かぞフ］数える。④［くらブ］比べる。校之以計（これをくらぶるにけいをもってす）。⑤［ただス］（文字の誤りを）訂正する。

こう　洪　［おほイナリ］大きな。

こう　甲　①［なル］親しくする。②［なにがし］某。

こう　皇　①［ただス］正す。②［いはンヤ］ましてや。

こう　稿　わら（稲や麦の茎）。

こう　絞　［からム］からまる。

こう　綱　［すブ］（法などに則って）治める。

こう　考　①［うツ］打つ。子有鐘鼓弗鼓弗考（しにしょうこあるもこせずうたず）。②［をフ］死ぬ。③［なス、なル］完成する、成る。考槃在澗（はん（＝たのしみ）をなすことかんにあり）。④父。

こう　航　［わたル］船で渡る。

こう　荒　①［おほフ］覆う。②［おほイナリ］広大な。③［たもツ］占有する。④［むなシ］空の。

こう　行　①［めぐル］運行する。②［やル］ゆかせる。罔水行舟（みずなきにふねをやる）。深謀遠慮行軍用兵之道（しんぼうえんりょはぐんをやりへいをもちうるのみちなり）。③［ふ］（年月が）経る。④［ゆくゆく］⑤店。⑥［すぢ］（行をなすものを数える単位）

こう　衡　①［はかル］計量する、計る。②秤。③横。

こう　講　①［ならフ］練習する。②［はかル］図る。

こう　郊　まつり（天子が天を祭る祭祀）。

こう　幸　［こひねがフ］必死則生幸生則死（しをひっすればすなわちいき、せいをこいねがえばすなわちしす）。

こう　項　［おほイナリ］おおきい。

ごう　郷　①［むカフ］向かう。②［うク］享受する。③［むキ］方向。④［むカッテ］（に）対して。⑤［さきニ］以前。

ごう　剛　①［かヘッテ］あいにく。②［ただ］只。③［まさニ］すぐに。

ごう　号　①［よブ］唱える、名づく。②［なんゾ］どうして。

ごう　合　①［まさニ…ベシ］（断定・当然）豈合更惜身命（あにまさにさらにしんめいをおしむべきや）。②（蓋のある）箱。

ごう　拷　［うツ］叩く。

こく　谷　［きはマル］窮まる。進退維谷（しんたいこれきわまる）。

こく　克　①［あたフ］できる。②［よク］

こく　穀　①［やしなフ］養う。②［いク］生きている。③［つグ］告げる。④（「不穀」の形で）私（王侯の自称）。

ごく　獄　［うったフ］訴える。

こん　墾　［ひらク］（荒野を）開く。

こん　困　［みだル］乱れる。不為酒困（さけのみだれをなさず）。

こん　恨　①［うらムラクハ］残念なことには。②［もとル］たがう、逆らう。

こん　懇　①［もとム］頼む。②［まこと］誠実。

こん　昆　①［あに］兄。③［ことごとク］

さ　佐　①［たすク］補佐する。②［すすム］勧める。

さ　左　［たがフ］食い違う。

さ　差　①［わカツ］区分する。②［えらブ］（音「サイ」）選ぶ。③［たがフ］食い違う。寸而度之至丈必差（すんにしてこれをはかれば、じょうにいたってかならずたがう）。④［つかハス］（音「サイ」）派遣する。⑤［やや］大体。

さ　査　筏（いかだ）。

さ　又　［ゆるス］大目に見る。

さい　最　①［あつム、あつマル］②［すべテ］全部で。③［かしら］首位。

さい　妻　［めあはス］嫁がせる。

さい　才　①［さだム］裁決する。②［わづカニ］やっと。

さい　歳　［としゴトニ、としニ］毎年。

さい　済　①［すくフ］援助する。②［とほル］通る。③［もちフ］使う。④［やム］停止する。⑤［わたル］（川を）渡る。⑥［まス］増える。

さい　裁　［わづカニ］かろうじて。

さい　載　①［なス］成す。載周以至于今（しゅう（＝周の道）をなしていまにいたる）。②［はじム］始める。③［かざル］飾る。④［みツ］満ちる。⑤［まうク］設ける。⑥［ふたタビ］⑦年。⑧事、事柄。上天之載無声無臭（じょうてんのことはこえもなくにおいもなし）。

さい　際　①［あフ］出会う。②［つづク］達する。②［まじハル］交わる、行き来する。③［かぎリ］境界。

ざい　剤　［たツ］切る。

ざい　在　①［みル］観察する。②［とフ］（安否を）問う。③［わづカニ］やっと。

ざい　材　［さだム］裁決する。

ざい　財　①［さばク］処置する、裁く。②［たツ］（首を）刎ねる。③［わづカニ］やっと。

さく　咲　［わらフ］笑う。

さく　作　①［おコル］始まる、現れる。②［いたリテ］至って。

③［はじメテ］そこでやっと。

さく　**昨**　①［きのふ］昨日。②［むかシ］かつて。

さく　**策**　①［しるス］（竹の札に）書く。②筮竹、めどき。

さく　**索**　①［なフ］縄をよる。②［のり］法律制度。

さく　**錯**　①［まじハル］交差する。②［まじル］交じる。③［ぬル］メッキする。④［みがク］磨く。⑤［おク］（音「ソ」）置く、施行する、廃棄する。⑥［たがフ］食い違う。

さつ　**刷**　①［すすグ］除く。②［ぬぐフ］拭う。

さつ　**察**　①［みル］細かく見る。②［あきラカナリ］

さつ　**撮**　［すブ］統括する、総べ取る。撮名法之要（めいほう（＝名家と法家）のようをすぶ）。

さつ　**擦**　［ふク］拭く。

さつ　**札**　①［しるス］書き記す。②［のぞク］拭き去る。

さつ　**殺**　①［ほろボス］取り除く。②［おとろフ］零落する。

ざつ　**雑**　①［まじフ］取り混ぜる。②［あつマル］③［めぐル］循環する。④［ともニ］一緒に。

さん　**参**　①［まじフ、まじハル］交錯する。徳与天地参（とくはてんちとまじわる）。②［たツ］聳える。

さん　**賛**　①［つグ］述べる。②［みちびク］案内する。

ざん　**残**　①［そこナフ］殺す、滅ぼす。殺之而不残（これをそげどもそこなわれず）。②［やぶル、やぶレル］壊す、崩れる。③［あらシ］凶暴な。

し　**思**　（文末・文中に置かれるリズムを整える助詞。特に訓まず、意味はない）神之格思不可度思（かみのいたること、はかるべからず）。

し　**私**　①［ひそカニ］こっそりと。②［し］普段着。汚我私（わがしをあらう）。

し　**使**　［もシ］もしも。

し　**刺**　①［うかがフ］探る。②［そしル］風刺する。③［とル］取り集める。④尖った先端、穂先。

し　**司**　［うかがフ］探る。

し　**士**　［つかフ］仕官する。

し　**市**　①［あきなフ］売り買いする。②［かフ］買う。

し　**師**　①［ならフ］模範にする。②［もろもろ］もろ人。

し　**指**　①［うまシ］おいしい。②［ただチニ］真っ直ぐに。

し　**支**　①［わカツ］割く、分け与える。

し　**枝**　①［わカル、わク］ばらばらになる。中心疑者其辞枝（ちゅうしんうたがうものは、そのじわかる）。②［ささフ］支える。

し　**止**　①［し］振る舞い。容止。②［たダ］わずかに。③［か、や］（疑問の助詞）

し　**糸**　［つむグ］

し　**視**　①［いク］生きている。②［くらブ］比べる。③［なぞらフ］④［ならフ］まねる。⑤［しめス］示す。視民不恌（たみにしめすことうすからず）。

し　**詞**　［ことわル］辞退する（「辞」に通ず）。

し　**試**　［もちヰル、もちフ］用いる。吾不試故芸（われもちいられず、ゆえにげいあり）。

し　**資**　①［うル］売る。②［とル］取り置く。③［はかル］相談する。④［もと］元になるもの。⑤［たち］素質。

し　**歯**　①［あタル］触れる。②［たぐひ］同類、同輩。③

［よはひ］年齢。

し　**示**　［みル］見る（「視」の仮借）。其如示諸斯乎（それこれをここにみるがごとし）。

し　**矢**　①［ちかフ］誓う。②［つらヌ］陳列する。③［ほどこス］施す。④［ただシ］正しい。

じ　**似**　①［おくル］贈る。②［つグ］継承する。

じ　**侍**　①［すすム］進言する。②［やしナフ］世話する。

じ　**児**　［われ］私（子の親に対する自称）。児実無罪過（われまことにざいかなし）。

じ　**字**　①［はらム］妊娠する。②［うム］産む。③［いつくシム］慈しむ。④［やしなフ］養う。父不能字其子（ちちそのこをやしなうあたわず）。

じ　**持**　［たのム］頼る。怒自持兮（いかりてみずからたのむ）。

じ　**時**　①［うかがフ］窺う。②［つかさどル］司る。③［よシ］善い。④［これ、こノ、かク］時乃天道（これすなわちてんのみちなり）。畏天之威于時保之（てんのいをおそれてここにこれをたもつ）。

じ　**次**　①［いたル］至る、及ぶ。②［やどル］駐屯する。③［やどリ］宿、宿舎。

じ　**滋**　①［うるほス］潤す。②［うウ］植える。③［まス］増す。④［ますます］

じ　**自**　①［よル］由来する。②［したがフ］従う。天聡明自我民聡明（てんのそうめいはわがたみのそうめいにしたがう）。③［はじメ］初め。④［もシ］もしも。⑤［いへドモ］⑥［もッテ］

じ　**辞**　①［ことわル］断る。②［せム］とがめる。

じ　**事**　［つかフ］仕える。存其心養其性所以事天也（そのこころをそんし、そのせいをやしなうは、てんにつかうるゆえんなり）。

しき　**式**　①［のっとル］範とする、従う。小心翼翼古訓是式（しょうしんよくよくとしてこくんにこれのっとる）。②［ぬぐフ］拭う。③［もちヰル、もちフ］④［もッテ］（に）よって。⑤［のり］手本。⑥［そレ］（調子を整える助詞）

しき　**識**　［まさニ］ちょうど今。識見不穀而趨（まさにふこく（＝私）をみてはしる）。

しき　**敷**　①［あまねシ］行き渡った。②［あまねク］

しつ　**執**　［とラフ］捕らえる。

しつ　**失**　①［あやまル］間違う。②［そむク］背く。

しつ　**疾**　①［そしル］謗る。②［にくム］憎む。疾固也（こ（＝頑なさ）をにくむなり）。③［ねたム］妬む。④［やム］病む。④［はやシ］速い。一手独拍雖疾無声（いっしゅひとりうてば、はやしといえどもこえなし＝片手ではいくら早く打っても音は出ない）。其疾如風（そのはやきことかぜのごとし）。

しつ　**質**　①［こたフ］答える。②［ただス］問い質す。③［なス、なル］成す（る）。④［はかル］判定してもらう。⑤［ちかひ］誓い。⑥［もと］実体。

じつ　**実**　①［みツ］充満する。実若虚（みつれどもむなしきがごとし）。虚其心実其腹（そのこころをむなしくしてそのはらをみたす）。②［こレ］…である。実壑（これがく）。③［こレ］（倒置された目的語と動詞の間に置かれる）鬼神非人実親（きしんはひとにこれしたしむにあらず）。

しゃ　**舎**　①［いこフ］憩う。②［おク］除外する。逝者如斯夫不舎昼夜（ゆくものはかくのごときか、ちゅうやをおかず）。③［すツ］捨てる。舎之則蔵（これをすつるときはすなわちかくす）。④［はなツ］（矢を）放つ。⑤［やどス、やどル］泊める（まる）。⑥［やム］止める。⑦［ゆるス］（刑罰を）免除する。

しゃ　**写**　［そそグ］注ぐ。

しゃ　**射**　［いとフ］（音「エキ」）飽きる。在彼無悪在此無射（かれにあってはにくむことなく、これにあってはいとふことなし）。

しゃ　**捨**　［おク］許す、さしおく、とどまる。

しゃ　**謝**　①［しぼム］萎む、衰える。②［しゃス］死ぬ。

じゃ　**邪**　（文末の語気助詞）①［か、や］（疑問）②［かな］（感嘆）③［なり］…である。

しゃく　**借**　①［たすク］助ける、援助する。②［たとヒ］かりに…でも。

しゃく　**爵**　［しゃく］（典礼用の三脚の）酒器、さかずき。

しゃく　**釈**　①［すツ］棄てる。②［おク］置く。③［とク］溶かす、溶ける。④［ゆるス］解き放つ。

じゃく　**弱**　［わかシ］若い。

しゅ　**取**　①［めとル］娶る。②［わづカニ］やっと。

しゅ　**守**　［もとム］請求する。魯君守斉三年而無成（ろくんせいにもとむることさんねんにしてなるなし）。

しゅ　**殊**　①［ころス］殺す。②［しス］死ぬ。③［すグ］超える。④［たツ］断つ。⑤［なホ］やはり。

しゅ　**種**　［しク］布く、広く散布する。

しゅ　**趣**　（②③のとき漢音「シュク」呉音「ソク」）①［はしル］急ぐ、帰順する。②［うながス］③［すみヤカニ］

しゅ　**首**　①［あらはス］顕に示す。②［はじム］始める、言い出す。③［つグ］（出頭して）告げる。④［むカフ］首を向ける。⑤［もとヅク］依拠する。⑥［はじメニ］

じゅ　**樹**　①［たツ］立てる。樹徳務慈（とくをたつるにはしげきをつとむ）。②［うウ］植える。終身之計莫如樹人（しゅうしんのけいは、ひとをううるにしくはなし）。

じゅ　**需**　①［ためらフ］子行抽剣曰需事之賊也（しこうけんをぬきていわく、ためらうはことのぞくなりと）。②［まツ］待つ。③［もとム］求める。④［よわシ］（気が）弱い。

しゅう　**周**　①［あフ］合致する。②［かたム］固定する。③［すくフ］救済する。④［めぐル］隅々まで巡る、取り囲む。

しゅう　**就**　①［なス、なル］成す、成る。②［たとヒ］仮に。③［すなハチ］すぐに。④［よク］できる。

しゅう　**修**　［ながシ］（空間的・時間的に）長い。

しゅう　**秀**　［はな］花。

しゅう　**秋**　①［とブ］舞い飛ぶ。飛竜秋游上天（ひりゅうとび、じょうてんにあそぶ）。②［とき］大切な時期。危急存亡之秋也（ききゅうそんぼうのときなり）。

しゅう　**終**　①［たとヒ］仮に。②［ひさシ］久しい。③［つひニ］仕舞いには、どうしても。不破楼蘭終不還（ろうらんをやぶらずんば、ついにかえらじ)。

しゅう　**習**　[つね二]

しゅう　**舟**　[おブ] 帯びる。何以舟之(なにをもってかこれをおぶ)。

しゅう　**襲**　①[かさヌ] 重ねる。②[おそフ] 継承する。③[あフ] 合致する。②[そろヒ](衣服を数える語)

しゅう　**週**　[めぐル] 循環する。

しゅう　**集**　①[とどマル、とどム] 鴻鵠高飛不集汚地(こうこくたかくとんで、おちにとどまらず)。②[なル] 成る。是用不集(ここをもってならず)。

しゅう　**醜**　①[くらブ] 比べる。②[にくム] 憎む。③[はヅ] 恥じる。④[はぢ] 恥。⑤[たぐヒ] 類。

じゅう　**住**　[やム] 止める、止む。両岸猿声啼不住(りょうがんのえんせいないてやまず)。

じゅう　**獣**　[かル] 狩をする。

じゅう　**縦**　①[はなツ] 放つ。②[ゆるス] 見逃す。③[ほしいままニス] 縦一葦之所如凌万頃之茫然(いちい(＝葦のような小舟)のゆくところをほしいままにし、ばんけいのぼうぜんたるをしのぐ)。

じゅう　**重**　①[はばかル] 恐れる。②[はらム] 孕む。③[はなはダ]

しゅく　**宿**　①[まもル] 保守する。官宿其業(かんそのぎょうをまもる)。②[とどム] 留め置く。子路不宿諾(しろだくをとどめず)。

しゅく　**叔**　①[ひろフ] 拾う。②[よシ] 良い、美しい。

しゅく　**祝**　①[たツ] 断つ。②[のろフ](この意味のとき漢音「シュウ」呉音「シュ」) 呪う。

しゅく　**縮**　①[ただシ、なほシ] 正しい。自反而縮雖千万人吾往矣(みずからかえりみてなおければ、せんまんにんといえどもわれゆかん)。②[つかヌ] 縛り付ける。

しゅく　**粛**　①[つつしム] うやうやしくする。②[ととのフ] 整理する。③[のぞク] 一掃する。④[すすム] うやうやしく案内する。⑤[つつしンデ] ⑥[すみヤカ]

じゅく　**熟**　[なル] 実る、成る。仁亦在乎熟之而已矣(じんはまたこれになるにあるのみ)。

じゅつ　**術**　①[のブ] 述べる。②[まなブ] 学ぶ。

じゅん　**准**　[なぞらフ]

じゅん　**循**　①[したがフ] ②[なヅ] 撫でる。③[よル] 沿って行く。④[よシ] 良い。

じゅん　**旬**　①[めぐル] 広く巡る。②[あまねク]

じゅん　**殉**　①[したがフ] ②[もとム] むさぼる。殉于貨色(かしょくをもとむ)。

じゅん　**準**　①[はかル] 計る、推しはかる。②[のり] 基準。

じゅん　**純**　①[つつム](音「トン」) 包む。②[はば](織物の) 幅。③[いと] 糸。④[みな] 皆。⑤[もっぱラ]

じゅん　**順**　①[めぐル] 巡る。②[よろこブ] 愛する。③[ついデ] 次第。

しょ　**庶**　①[ちかシ] ほぼ同じ。②[おほシ] 多い。既庶矣(すでにおおし)。③[こひねがハクハ] ④[もろもろ] 民衆。

しょ　**緒**　①[たづヌ] 順々にたどる。②[すぢ] 系統。③[いとぐち] 端緒。

じょ　**叙**　①［ついヅ］順序だてる。天叙有典（てんゆうてん（＝「義慈友恭孝」の五典）をついず）。②［ついデ］順序。

じょ　**女**　［めあはス］嫁がせる。女于時（これ（＝舜）にめあはす）

じょ　**徐**　①［しづカナリ］穏やか。②［ゆるシ］ゆっくりした。

じょ　**除**　①［さル］（時が）経つ。②［あたフ］賜う。

しょう　**傷**　［はなはダ］非常に。

しょう　**勝**　①［たフ］耐える。②［あゲテ］全部。

しょう　**升**　［みのル］稔る。

しょう　**商**　［はかル］計る、相談する。

しょう　**宵**　［にル］似る（「肖」に通ず）。夫人宵天地之貌（そのひとてんちのかたちにる）。

しょう　**小**　［やや］少し。

しょう　**少**　①［かク］欠く。遍挿茱萸少一人（あまねくしゅゆ（＝カワハジカミ）をさすもいちにんをかかん）。②［わかシ］若い。③［やや］少し。

しょう　**尚**　①［くはフ］加える。②［しのグ］偉ぶる。③［まさル］抜きん出る。④［たかシ］（程度が）高い。④［たかくス］尚志（こころざしをたかくす）。⑤［ひさシ］ずっと続いた。⑥［こひねがハクハ］どうか。

しょう　**承**　①［こラス］警告してやめさせる。②［ささグ］捧ぐ。③［たすク］補佐する。④［とどム］制止する。⑤［すくフ］（音「ジョウ」）救う。

しょう　**抄**　①［うつス］（そっくり）写す。②［かすム］掠める。③［すくフ］（匙で）掬う。

しょう　**招**　①［あグ］持ち上げる。②［あばク］暴露する。

しょう　**掌**　①［うツ］（掌で）打つ。②［つかさドル］管理する。冢宰掌邦治（ちょうさい（＝官名）ほうちをつかさどる）。

しょう　**渉**　［わたル］渡る。

しょう　**祥**　［よシ］（縁起などが）良い。

しょう　**称**　①［はかル］（重さを）量る。②［あグ］（持ち）上げる。③秤。④［よシ］美しい。

しょう　**章**　①［あきラカニス］明らかにする。章往考来（おうをあきらかにし、らいをかんがう）。②［あきラカ］

しょう　**紹**　［つグ］（受け）継ぐ。

しょう　**肖**　①［おとろフ］衰える。②［ちひサシ］ちっぽけな。

しょう　**衝**　［むク］対する。

しょう　**証**　［いさム］諫める。子尉以証靖郭君（しい（＝人名）もってせいかくくんをいさむ）。

しょう　**詳**　①［いつハル］ふりをする。②［たひラカ］公平な。③［よイ］（縁起が）良い。

しょう　**象**　［のり］手本、規則、道理。

しょう　**障**　［ふせグ］せき止める。

しょう　**訟**　［たたフ］称える（「頌」に通ず）。

じょう　**上**　①［くはフ］加える。②［たっとブ］③［しのグ］虐げる。④［すすム］進む。⑤［ひさシ］久遠の。⑥［こひねがハクハ］どうか。⑦［ほとり］側、辺。

じょう　**丈**　［はかル］測量する。巡丈城（しろをめぐりはかる）。

じょう　**乗**　①［かツ］勝つ。②［をさム］治める、繕う。乗其屋（そのおくをおさむ）。③［はかル］計算する。乗其事

（そのことをはかる）。

じょう　**城**　［きづク］（城壁を）築く。費伯帥師城郎（ひはくしをひきいてろうにきずく）。

じょう　**常**　①［まもル］（ずっと）守り続ける。②［かつテ］以前。

じょう　**条**　［ながシ］細長い。

じょう　**状**　①［かたどル］形容する。②［のブ］述べる。

じょう　**畳**　①［おそル］恐れる。②［かさヌ］重ねる。③［ふルフ］振動させる。

じょう　**蒸**　①［おほシ、もろもろ］多い。

じょう　**譲**　［せム］責める。

じょう　**縄**　①［はかル］（基準に従い）計る。②［ただス］（基準に従い）正す。③［つグ］受け継ぐ。④［ほム］褒める。⑤［のり］標準。

じょう　**娘**　［はは］母。

しょく　**飾**　［ととのフ］整える。

しょく　**植**　①［おク］置く。②［たツ］（真っ直ぐに）立てる。

しょく　**殖**　［たツ］樹立する。

しょく　**職**　①［おもニ、もっぱラ］東人之子職労不来（とうじんのこ、もっぱらろうしてねぎらはれず）。

しょく　**食**　（①②のとき音「シ」）①［やしなフ］養う。貴食母（はは（＝自然）にやしなわるるをたっとぶ）。②［うかがフ］察知する。③［うク］受け入れる。

しん　**心**　［むね］胸。西施病心而矉其里（せいしむねをやんでそのりにひんす（＝顔を顰める））。

しん　**伸**　［すすグ］（無実を）雪ぐ。伸寃（えんをすすぐ）。

しん　**信**　①［のばス］伸ばす。②［まかス］なるままにする。③［もシ］もしも。

しん　**侵**　①［みにくシ］醜い。②［やうやク］次第に。

しん　**寝**　①［やム］中止する。②［みにくシ］醜い。③［やうやク］次第に。④みたまや（位牌・遺品を安置する場所）。

しん　**審**　①［つまびラカ］②［まことニ、もシ］確かに…なら。審有内乱殺人怨懟之端（もしうちみだれひとをころすことあらばえんついのたんなり）。

しん　**振**　①［すくフ］救済する。②［ただス］直す。③［ととのフ］整える。④［ひらク］（倉を）開く。⑤［よリ］…から。

しん　**森**　［ならブ］高く並ぶ。衆星燦然森（しゅうせいさんぜんとならぶ）

しん　**浸**　［やうやク］次第に、ますます。殺気浸盛陽気日衰（さっきやうやくさかんに、やうきひにおとろふ）。

しん　**申**　①［うたフ］（声を長く引いて）歌う。②［かさヌ］重ねて行う。

しん　**神**　［たっとブ］尊重する。

しん　**親**　［あたらシ］新しい。

しん　**診**　［つグ］告げる。

しん　**身**　①［みづからラ］自ら。②［われ］私。

しん　**進**　①［つクス］（出し）尽くす。②［たかシ］高い。

しん　**震**　［はらム］孕む。邑姜方震大叔（ゆうきょう（＝女性の名）まさにたいしゅくをはらまんとす）。

じん　**人**　［ひとゴトニ］

じん　**尋**　①［つグ］次ぐ。②［あたたム］温める。尋盧之盟也

（ろのめいをあたたむるなり）。③［もちヰル、もちフ］用いる。④［よル］頼る。⑤［ついデ］やがて。

じん　**甚**　①［なニ］何、どんな。亦有甚用（またなんのようかある）。②［なんゾ］

じん　**尽**　［まかス］勝手にさせる。

す　**酢**　［むくユ］（客が主人に）返杯する。

すい　**帥**　［したがフ］従う。

すう　**崇**　①［まス］増す。②［みタス］満たす。③［をフ］終える。

すう　**数**　①［しばしばス］幾度も繰り返す。朋友数斯疎矣（ほうゆうにしばしばすれば、ここにうとんぜらる）。多言数窮（たげんなればしばしばきゅうす）。②［せム］（罪状を数えあげて）責める。

すん　**寸**　［はかル］推量する。

せ　**施**　（②③のとき音「シ」）①［さらス］曝す。②［すツ］捨てる。君子不施其親（くんしはそのしんをすてず）。③［ゆるム］解く。④［ひク］（音「イ」）のばす。愛其母施及荘公（そのははをあいして、ひいてそうこうにおよぼす）。

ぜ　**是**　①［ゆク］至る。②［ただス］正す。

せい　**征**　［とル］取る。上下交征利而国危矣（じょうげこもごもりをとらば、くにあやうし）。

せい　**世**　①［よよ］代々。世有哲王（よよてつおうあり）。②［うマル、うム］生まれる、生む。人自世至老（ひとうまるるよりおいにいたるまで）。

せい　**省**　①［みル］視察する。②［あきラカ］明らか。③［かつテ］

せい　**成**　［たひらグ］平定する。

せい　**政**　①［うツ］征伐する。②［ただス］改正する。③［たダ］わずかに。

せい　**正**　①［うツ］討伐する。②［たとヒ］たとえ…でも。③［つねニ］

せい　**生**　①［やしなフ］養う。②［たダ］…ばかり。③［はなはダ］

せい　**精**　①［しらグ］精米する。②［くはシ］精しい。③［はなはダシ］

せい　**声**　①［のブ］宣べる。②［ならス］（罪を）鳴らし責める。声罪討之（つみをならしてこれをうつ）。

せい　**誠**　［もシ］仮に、はたして。今王誠聴之彼必以国事楚王（いまおうもしこれをきかば、かれかならずくにをもってそうにつかえん）。

せい　**誓**　①［いましム］（出征前の軍隊に）号令する。②［つつしム］慎み習う。

せい　**請**　［つグ］告げる。

せい　**逝**　［ここニ］（発語の助詞）逝不古処（ここにいにしえをもっておらず）。

せい　**斉**　①［つらヌ］連ねる。②［のぼル］上る。③［わカツ］弁別する。④［ひとシ］同じ。見賢思斉焉（けんをみてはひとしからんことをおもう）。⑤［ひとシク］

ぜい　**税**　①［おくル］贈る。②［かル］賃借りする。③［とク］解く。

せき　**席**　①［よル］頼る。②［むしろ］（編まれた）敷物。

せき **析** ［さだム］判断を下す。
せき **積** ［とどこほル］滞る。
せき **籍** （以下の意味のとき音「シャ」）①［かル］借りる。②［しク］敷く。
せき **績** ［つグ］継承する。
せき **赤** ［せき］何も無い、むなしい、からであること。検家赤貧（いえをしらぶればせきひんなり）。
せき **跡** ［たづヌ］（遡って）調べる。
せき **斥** ①［うかがフ］探る。②［さス］指差す。③［ひらク］開拓する。
せつ **接** ①［まじフ、まじハル］交叉する、接触する。兵刃既接（へいじんすでにまじわる）。②［むかフ］迎える。
せつ **摂** ①［をさム］整える、養生する。②［おそル］恐れる。③［かヌ］兼務する。④［かハル］代わる。⑤［ひク］引く。
せつ **折** ［くじク］挫折する。
せつ **設** ①［かなフ］適う。②［はかル］図る。③［たとヒ］たとえ…。④［もシ］もしも。
せつ **説** ①［よろこブ］喜ぶ。②［いこフ］憩う。
ぜつ **絶** ①［わたル］渡る。絶海（うみをわたる）。②［はなはダ］
せん **占** ［はかル］予測する。
せん **宣** ①［とほル、とほス］行き渡る、疎通させる。②［あまねク］
せん **戦** ［そよグ］揺れ動く。
せん **潜** ［ひそカニ］
せん **旋** ①［めぐル］巡る。②［しばしば］③［つイデ］間もなく。④［やうやク］⑤［ほしいままニ］
せん **繊** ［ほそし］細い。
せん **薦** ①［しク］敷く。②［むしろ］（草で編んだ）敷物。③［しきりニ］
せん **践** ①［ふム］踏む、経る、臨む、上がる、即位する。②［ほろボス］
せん **選** ①［ひとシ］揃っている。②［かぞフ］（音「サン」）算定する。
せん **鮮** ①［すくナシ］稀である。②［なシ］無い。③［よシ］優れた、美しい。
ぜん **前** ［すすム］進む。優倡侏儒為戯而前（ゆうしょう（＝役者）しゅじゅ、たわむれをなしてすすむ）。
ぜん **善** ①［をシム］大切にする。②［ぬぐフ］拭う。
ぜん **漸** （③④⑤のとき音「セン」）①［すすム］（少しずつ）進む。②［みちびク］（流れを）導く。③［そそグ］流入する。④［ひたス］⑤［いつはル］騙す。
ぜん **然** ①［もユ、もス］燃える、燃やす。若火之始然（ひのはじめてもえるがごとし）。②［しかリ］そうである。文質彬彬然後君子（ぶんしつひんぴんとしてしかるのちにくんしなり）。
ぜん **禅** ①［ゆづル］（位を）譲る。②［かへル］交替させる。
ぜん **繕** ［をさム］養生する。繕甲兵（こうへいをおさむ）。
そ **措** （②③のとき音「サク」）①［まジル］交じる。②［せマル］迫る。③［はさム］挟みつぶす。
そ **祖** ①［ならフ］習う。②［のっとル］手本にする。

そ　**素**　①［もとム］探求する。素隠行怪（いんをもとめかいをおこなう）。②［しろシ］白い。③［むなシク］むだに。

そ　**阻**　①［へだツ］隔てる。②［うたがフ］疑う。③［よル］頼る。④［けはシ］険しい。

そう　**創**　［こル］懲らす。懲りる。

そう　**壮**　①［はやシ］速い。②［かたシ］堅い。仲冬之月冰始壮（ちゅうとうのつき、こおりはじめてかたし）。

そう　**想**　［にル］似る。

そう　**争**　①［へだツ］差がある。②［いかデカ］どうして。③［いさム］諫める。

そう　**相**　①［みル］観察する、（人相を）観る。②［えらブ］選ぶ。

そう　**総**　①［むすブ］結ぶ。②［たとヒ］たとえ…③［にはカニ］急に。

そう　**草**　［はじム］始める。

そう　**藻**　①［かざル］飾る。②［あや］華麗な彩り。

そう　**走**　［おもむク］赴く。走名利（みょうりにおもむく）。

そう　**騒**　［うれヒ］憂い。

ぞう　**像**　［したがフ］従う。像上之志（しょうのこころざしにしたがう）。

ぞう　**増**　［ますます］

ぞう　**造**　①［はじム］始まる（める）。②［いたル］至る。③［にはカニ］急に。④［はじメテ］最初に。

そく　**促**　①［せまル］おし迫る。②［せまシ］狭い。

そく　**側**　①［そばだツ］傾ける。②［ふス］伏せる。

そく　**即**　①［つク］（ぴったり）付く。②［たとヒ］たとえ…。［もシ］もしも。

そく　**息**　①［やム］停止する、滅びる。至誠無息（しせいはやむことなし）。②［ふヤス］繁殖させる。

そく　**束**　①［あつム］集める（まる）。②［つつしム］慎む。③［なづム］拘泥する。

そく　**足**　①［ふム］踏む。②［たス］（音「シュ」）足す。③［たル］十分である、有り余る、多い。書足以記姓名而已（しょはもってせいめいをきするにたるのみ）。富在知足（とみはたることをしるにあり）。花発多風雨人生足別離（はなひらいてふうおおし、じんせいべつりたる）。

そく　**速**　［まねク］招く。去順効逆所以速禍也（じゅんをさりぎゃくにならうはかをまねくゆえんなり）。

ぞく　**属**　①［あつム］集まる（める）。②［すすム］（酒を）勧める。③［たのム］委託する。④［つづル］（文を）書く。⑤［みル］注目する。⑥［やから］同属、同族。⑦［たまたま］

ぞく　**族**　①［むらガル］群がる。木族生為灌（きむらがりしょうじてかんとなる）。②［ぞくス］一族を皆殺しにする、罪する。族秦者秦也非天下也（しんをぞくするものはしんなり、てんかにあらず）。

そつ　**卒**　①［をハル］終わる。②［ことごとク］全て。②［つひニ］結局。

そん　**存**　①［みル］観察する。②［おもフ］思う。

そん　**孫**　［のがル］逃れる。

た　多　①［まさル］勝る。②［まス］増やす。②［まさニ］③［いさを］功。
だ　堕　①［おこたル］怠る。②［こぼツ］（音「キ」）壊す。
だ　妥　①［おツ、おトス］落ちる、落とす。②［やすシ］安らか。
だ　惰　［おこたル］怠る。
たい　体　①［おこなフ］行う。②［したシム］親しむ。③［とク］解く。④［よル］拠る。
たい　耐　①［あたフ］できる。人不耐無楽（ひとたのしみなきことあたわず）。②［いかんゾ］どのように。
たい　替　①［おとろフ］衰える。日替（ひびにおとろう）。②［さル］退ける。③［すたル］廃れる。④［ほろブ、ほろボス］滅びる（ぼす）。⑤［ためニ］（の）ために。
たい　泰　①［とほル］通じる。②［おほイナリ］（非常に）大きい。③［おごル］驕る。④［やすシ］平穏な。⑤［はなはダ］
たい　滞　［こル］凝る。
たい　貸　①［ゆるス］容赦する。②［たがフ］（音「トク」）誤る。司天日月星辰之行宿離不貸（てんじつげつせいしんのこうをつかさどり、しゅくり（＝入りと出）たがわず）。
たい　逮　①［およブ］及ぶ。②［およビテ］（に）乗じて。
たい　隊　［おツ］墜ちる。
だい　代　［よヨ］代々。
だい　台　（以下の意味のとき音「イ」）①［よろこブ］喜ぶ。②［われ、わガ］私、我。
だい　大　［おほむネ］概ね。大抵。大概。
だい　第　①［ついズ］順番をつける。②［ついデ］順序。③邸宅。④［ただ］ひたすら。第出偽遊雲夢（ただいでていつわりてうんぼうにあそぶ）。
だい　題　①［みル］観る。題彼脊令（かのせきれい（＝鶺鴒）をみる）。②［ひたひ］額。
たく　卓　①［たツ］（真っ直ぐ）立てる。②［たかシ］高い。
たく　宅　［さだム］定める。
たく　択　［すツ］棄てる。先生誨人不択衰朽（せんせいひとにおしうるにすいきゅうをすてず）。
たく　拓　①［ひらク］開拓する。②［ひろフ］（音「セキ」）拾う。③［おス］押す。
たく　沢　①［うるほス］潤す。②［うるほヒ］潤い。③［もム］揉む。④［よろこブ］（音「エキ」）喜ぶ。
たく　託　［よル］頼る、寄せる。
たつ　達　①［とほス］通す。②［あまねク］③［おフ］生じる。
だつ　脱　①［たまたま］③［もシ］（又「脱若」「脱誤」「脱其」の形で）もしも。
たん　単　①［つク］尽きる。歳既単矣（としすでにつく）。②［あつシ］篤い。
たん　探　［あらかジメ］
たん　短　［そしル］誹る。上官大夫短屈原於頃襄王（じょうかんたいふ、くつげんをけいのじょうおうにそしる）。
たん　端　①［ただス］正す。②［ただシ］正しい、真っ直ぐな。③［つひニ］④［まさニ］まことに。
たん　誕　①［いつはル］大言妄語する。②［おほイナリ］大き

い。③［ここニ］（発語の助詞）

だん　団　①［あつマル、あつム］集まる（める）。②［まどカ］円い。

だん　弾　［ただス］論難する、告発する。

だん　断　［さだム］定める。

だん　段　［きたフ］鍛える。

ち　治　［くらブ］比肩する。皆無敢与趙治（みなあえてちょうとくらぶることなし）。

ち　値　①［もツ］持つ。②［あタル］面する、相当する。③［あタリ］（の）とき。

ち　知　①［あらはル］表れる。②［いユ］癒える。③［つかさドル］司る。乾以易知（けん（＝天）はいをもってつかさどる）。

ち　地　［たダ］ひたすら。西曹地忍之（さいそうただこれをしのぶ）。

ち　遅　①［まツ］待つ。②［まチテ］（に）及んで。③［すなハチ］そこで。

ちく　畜　①［いル］容認する。②［このム］好む。③［とどム］留める。

ちく　蓄　［まツ］待つ。

ちく　逐　［きそフ］競う。

ちつ　秩　［ついデ］順序。

ちつ　窒　［ふさガル］詰まる。②［ふさグ］閉ざす。

ちゅう　沖　①［つク］衝く、高く上がる。②［むなシ］虚しい。沖而徐盈（むなしけれどもおもむろにみつ）。

ちゅう　中　①［あツ］当てる。敬而不中礼謂之野（けいしてれいにあたらざる、これをやという）。②［みツ］充ちる。

ちゅう　宙　［そら］天空。

ちゅう　柱　［ささフ］支える。

ちゅう　注　①［つク］付ける。射之不中又注（これをいるもあたらず、またつく（＝矢をつがえる））。②［なグ］投げる。

ちゅう　衷　①［あタル］適する。②［ただシ］正しい。③［まこと］真心。

ちょ　著　①［さだム］（客を）居させる。③［もちキル、もちフ］用いる。

ちょう　兆　［はじム］始める。兆其謀（そのはかりごとをはじむ）。

ちょう　弔　①［いたル］（音「テキ」）至る。②［よシ］良い。

ちょう　張　［みなぎル］漲る。

ちょう　徴　①［めス］召しだす。②［あらはス］明らかにする。③［もとム］求める。

ちょう　挑　①［あばク］暴く。②［とル］（選び）取る。③［になフ］担う。④［ぬすム］盗む。⑤［うすシ］薄い。⑥［かかグ］（灯を）かき上げる。

ちょう　潮　［さス］（潮が）差す。

ちょう　聴　①［をさム］治める。②［したがフ］従う。③［まかス］勝手にさせる。

ちょう　調　①［あざケル］嘲笑する（「嘲」に通ず）。王丞相毎調之（おうじょうそうつねにこれをあざける）。②［うつル］異動する。③［しぼム］凋む。④［しらブ］（楽器を）演奏する。⑤［とル］徴用する。⑥［はかル］図る。⑦［あした］早朝。⑧［みつぎ］貢。

ちょう　**超**　［をどル］躍る。②［とほシ］遠い。
ちょく　**直**　①［あタル］値する。②［あタリテ］（に）あたって。③［たとヒ］たとえ…。
ちん　**賃**　［やとハル］雇われる。
ちん　**鎮**　［つねニ］
ちん　**陳**　①［しク］布く。②［つらヌ］並べる。③［ふるシ］古い。
つい　**遂**　①［すすム］薦める。②［ゆるム］大目に見る。③［ふかシ］深い。
つう　**痛**　［かなシ］悲しい。可甚悼痛（はなはだいたみかなしむべし）。
てい　**丁**　［あタル］当たる、遭遇する。
てい　**亭**　①［ととのフ］調和する。②［とどまル］滞る。③［やしなフ］養う。亭之毒之（これをやしないこれをそだつ）。
てい　**貞**　［あタル］担当する。
てい　**定**　①［かならズ］きっと。陳王定死（ちんおうかならずしせん）。②［はタシテ］結局。
てい　**底**　①［いたル］至る。②［とグ、みがク］研ぐ、磨く。④［とどこほル］滞る。⑤［なに］何。⑦［なんゾ］なんと。⑧［コレ、コノ］
てい　**弟**　①［ついデ］順序。②［たダ］ひたすら。
てい　**抵**　（④⑥のとき音「シ」）①［あタル］当たる。傷人及盗抵罪（ひとをきずつくとうとはつみにあたる）。家書抵万金（かしょばんきんにあたる）。②［おス］押す。③［いたル］至る。草木零落抵冬降霜（そうもくれいらくしふゆにいたりてしもふる）。④［うツ］叩く。⑤［こばム］拒む。⑥［なげうツ］投げ棄てる。
てい　**提**　①［あグ］上げる。②［なげうツ］投げつける。③［たツ］断つ。
てい　**程**　①［しめス］示す。致飾程蠱（しょくをいたしてこをしめす）。②［なぞらフ］比較する。③［のっとル］則る。④［はかル］計る。
てい　**締**　①［むすブ］結ぶ。②［むすぼル］（気が）ふさぐ。
てい　**訂**　①［さだム］締結する。②［はかル］評議する。
てい　**邸**　①［いたル］至る。②［とどム］留める。③［ふル］触れる。
てい　**逓**　①［かフ］（順に）替える。②［たがヒニ］順に。
てき　**摘**　［あばク］暴く。指摘経史謬誤（けいしのびゅうごをさしあばく）。
てき　**的**　①［あきラカ］鮮やかな。②［しろシ］白い。③［まさニ］
てき　**適**　①［ゆク］行く。②［たのシム］楽しむ。③［あタル］匹敵する。④［したがフ］順応する。⑤［たダ］わずかに。⑥［たまたま］⑦［まさニ］ちょうど。⑧［もシ］もしも。⑨主なもの。
てつ　**哲**　①［しル］（よく）知る。②［さばク］（判決を）下す。③［さとシ］賢明な。
てつ　**徹**　①［をさム］（開拓して）治める。②［とル］（剝ぎ）取る、採取する。徹彼桑土（かのそうどをとる）。③［のぞク］除く。
てつ　**迭**　（②③のとき音「イツ」）①［かハル］代わる。②［を

かス］攻め込む。③［はなル］逃げる。④［たがヒニ］⑤［しばしば］

てつ　**鉄**　［かたシ］

てん　**典**　［ただシ］正しい。辞典文艶（じただしくぶんえんなり）。

てん　**展**　［みル］展墓而入（はかをみている＝お墓参りをして入国する）。

てん　**転**　①［めぐル］回る。②［かへッテ］反対に。

てん　**点**　①［けがス］汚す。②直し。作文無加点（ぶんをつくりててんをくわふるなし）。

と　**塗**　［けがス］汚す。以塗吾身（もってわがみをけがす）。

と　**斗**　①［たたかフ］闘う。②［ます］枡。③［けはシ］険しい。④［にはカニ］

と　**都**　①［をル］身都卿相位（みけいしょうのくらいにおる）。②［すベテ］往時渺茫都似夢（おうじびょうぼう、すべてゆめにいる）。③［すブ］統率する。

ど　**度**　①［ととのフ］（曲を）調える。②［のっとル］手本にする。③［わたル］渡る。物換星移度幾秋（ものかわりほしうつりいくあきをかわたる）。④［はかル］測る、計算する、推測する。同力度徳同徳度義（ちからをおなじくするときはとくをはかり、とくをおなじくするときはぎをはかる）。

ど　**土**　①［をル］居る。②［はかル］測量する。

ど　**怒**　［こユ］超える。

とう　**登**　①［みのル］稔る。②［なル］成る。③［ただチニ］④［たかシ］（年齢が）高い。

とう　**党**　①［あるヒハ］或いは。②［たまたま］偶然。怪星之党見（かいせいのたまたまあらわる）。

とう　**唐**　①［うしなフ］失う。②［ひろシ］広々とした（「蕩」に通ず）。浩唐之心（こうとうのこころ）。

とう　**投**　［あフ、あハス］（気持ちが）合う。②［はらフ］払う。③［とどマル］宿る。

とう　**搭**　①［うツ］打つ。②［かク］掛ける。③［のル］乗る。④［うつス］写す。

とう　**棟**　［かしら］首たる人。

とう　**当**　①［まさニ…ス（ベシ）］対酒当歌人生幾何（さけにたいしてはまさにうたうべし、じんせいいくばくぞ）。君当恕酔人（きみまさにすいじんをじょすべし）。人生似幻花終当帰空無（じんせいげんかににる、ついにまさにくうむにきすべし）。②［もシ］もしも。

とう　**等**　①［まツ］待つ。父老年年等駕回（ふろうねんねんがのかえるをまつ）。②［はかル］比べる。③［なんゾ］どうして。

とう　**統**　①［すベテ］広く。②［のリ］綱紀。

とう　**討**　①［をさム］管理する。②［きはム］探求する。③［たづヌ］訪ねる。④［さル］除く。

とう　**透**　［をどル］跳ぶ。

とう　**陶**　①［ほル］（土を）掘る。②［よろこブ］快く思う。

とう　**騰**　①［つたフ］伝える。②［のル］騎乗する。

どう　**動**　［ややもすレバ］人生不相見動如参与商（じんせいあいみざるは、ややもすればしんとしょう（＝いずれも星の名）とのごとし）。

どう　同　［あつマル］集まる。獣之所同（けもののあつまるところ）。

どう　洞　①［つらヌク］貫く。②［あきラカ］明るい。③［むなシ］空しい。

どう　道　①［いフ］言う。無道人短（ひとのたんをいうことなかれ）。孟子道性善（もうしせいぜんをいう）。楽道人之善（ひとのぜんをいうをたのしむ）。②［をさム］治める。③［おもフ］思う。④［みちびク］導く。道也者道常者也（みちとは、つねをみちびくものなり）。⑤［よル］経由する。道中庸（ちゅうようによる）。⑥［よリ］…から。⑦（「聞道」の形で）［きくならく］聞く所によると。聞道神仙不可接（きくならく、しんせんはせっすべからずと）。

とく　徳　（「得」に通ず）①［う］得る。徳道之人（みちをうるのひと）。②［う］…できる。

とく　特　①［たダ］ただ…。②［つれあひ］配偶者。③［ひとリ］独りで。

とく　督　①［すすム］勧める。②［せム］責める。③［ただス］正す。④［みル］（全体を）見る。⑤［なか］中央。

どく　毒　①［そこナフ］害う。②［そだツ］育てる。亭之毒之（これをやしないこれをそだつ）。③［にくム］憎む。④［なやム］悩む。

とつ　突　［にはカニ］急に。

ない　内　①［いル］入れる。②［をさム］収める。

なん　何　［になフ］荷う（「荷」に通ず）。

なん　軟　［よわシ］弱い。

なん　難　①［おそル］恐れる。②［なじル］詰る。於禽獣又何難焉（きんじゅうにおいてはまたなにをかなじらん）。③［はばム］退ける。

に　二　①［にトナル］分かれる。②［ふたツニス］異にする。③［にニス］二倍にする。④［ならブ］匹敵する。⑤［ふたたビ］

に　尼　［とどム］止める、阻む。

に　弐　①［そむク］背く。②［たぐフ］匹敵する。③［うたガフ］疑う。④［かハル］変わる。⑤［まス］増す。

にゅう　乳　［やしなフ］養う。

にん　任　①［かかフ］抱える。任重石之何益（じゅうせきをかかうるも、これなんのえきかあらん）。②［たとヒ］たとえ…。

ねい　寧　①［やすラカ］安寧な。②［むしロ］③［いづクンゾ］④［あるヒハ］

ねつ　熱　［やク］焼く。

ねん　年　［みのリ］稔り。

ねん　念　［よム］（声に出して）読む。

のう　能　①［かク］このように。②［たダ］わずかに。③［むしロ］むしろ…。④［すなハチ］

のう　農　①［つとム］勤勉である。②［あつシ］手厚い。

はい　廃　［すツ］棄てる。是廃先君之挙也（これせんくんのきょをすつるなり）。

はい　拝　①［うク］受ける。②［ぬク］抜く。

はい　排　［ならブ］連なる。

はい　輩　［くらブ］比べる。

はい　**配**　①［たぐフ］匹敵する。②［めあはス］結婚させる。③［つま］配偶者。
ばい　**倍**　①［そむク］背く。②［まス］増す。已而倍盟（すでにしてめいにそむく）。④［ますます］毎逢佳節倍思親（かせつにあうごとにますますしんをおもう）。
ばい　**培**　［ふさグ］塞ぐ。
ばい　**陪**　①［したがフ］お供をする。②［たすク］補佐する。③［つぐなフ］償う。
はく　**泊**　［うすシ］薄い。
はく　**白**　①［あきラカ］②［まうス］申す。③（罰杯の）さかずき。
はく　**薄**　①［かろンズ］軽んずる。②［ここニ］（発語の助詞）ここに。薄汚我私（ここにわがしをあらう）。③［をかス］侵入する。④［せまル］迫る。
ばく　**漠**　［ひろシ］広々とした。
ばく　**爆**　①［もユ］燃える。②［さク］炸裂する。
ばく　**幕**　［おほフ］覆う。
はつ　**発**　［ひらク］開く、（花が）咲く。
ばつ　**抜**　［とシ］速い。毋抜来（とくくることなかれ）。
ばつ　**閥**　［いさを］功績。
はん　**判**　［わク］分ける、区別する。
はん　**反**　①［ひさグ］販売する。②［かへル］返る。出乎爾者反乎爾者也（なんじにいずるものは、なんじにかえるものなり）。③［かへりみル］省みる。
はん　**犯**　［いつハル］民猶犯歯（たみなおよわいをいつわる）。
はん　**班**　①［わク］分け（与）える。②［しク］敷く。③［かへス］（軍隊を）返す。④［つらヌ］順序付ける。⑤［ひとシ］等しい。
はん　**畔**　①［さク］避ける。②［そむク］背く（「叛」に同じ）。已而畔約（すでにしてやくにそむく）。
はん　**般**　①［めぐル］巡る。②［わク］分ける。③［かへス］返す。④［たのシ］楽しい。
はん　**範**　［かた］鋳型。
ばん　**番**　［かはるがはる］番休（かわるがわるやすむ）。
ばん　**盤**　［たのシム］楽しむ。
ひ　**卑**　［しム］…させる。卑民不迷（たみをしてまよはさざらしむ）。
ひ　**批**　①［うツ］打つ、伐つ。②［おス］排除する。③［そグ］削ぐ。④［ふル］触れる。
ひ　**比**　①［くみス］与する。②［したシム］親しむ。③［たすク］助ける。④［ならフ］倣う。⑤［ならブ］並ぶ。⑥［ならビニ］⑦［ためニ］（の）ために。⑧［ちかシ］近い。⑨［しきりニ］連続して。⑩［さきニ］以前。⑪［ころほヒ］…の頃。
ひ　**罷**　①［つかル］疲れる。②［かへル］帰る。
ひ　**費**　①［さらス］晒す。②［もとル］逆らう。
ひ　**非**　［そしル］謗る。敗者不能非（はいしゃもそしるあたはず）。
び　**尾**　［つク］（後から）つく。
び　**微**　①［そグ］殺ぐ。②［うかがフ］窺う。使人微知賊処（ひとをしてぞくのところをうかがいしらしむ）。③［なシ、あらズ］微吾無酒（われにさけなきにあらず）。

④［なカリセバ］もし…がなければ。微管仲吾其被髪左衽（かんちゅうなかりせば、われそれひはつさじんせん）。⑤［ひそカニ］微行咸陽（ひそかにかんようにゆく）。

び　**鼻**　［つなグ］（獣の鼻に穴を開けて）繋ぐ。

び　**美**　［ほム、よみス］賛美する。

ひつ　**泌**　泉。

ひゃく　**百**　①［はげム］励む。距躍三百曲踊三百（きょやく（＝前に躍る）みたびはげみ、きょくよう（＝身を回して跳ねる）みたびはげむ）。②［およソ］すべて、まったく。百爾君子（およそなんじらくんし）。

ひょう　**標**　①［しるス］記す。②［たツ］立てる。③［こずゑ］梢。④［すゑ］末端。

ひょう　**漂**　①［うごカス］揺り動かす。②［さらス］晒す。③［ふク］（風が）吹く。

ひょう　**票**　［うごカス］揺り動かす。

ひょう　**表**　［のり］手本。抱表懐縄（のりをいだきなわをいだく）。

びょう　**病**　［うれヒ］憂い。

びょう　**苗**　①［かり］（夏の）狩。②［かル］（夏に）猟をする。

ひん　**浜**　［せまル］臨む。

ひん　**賓**　①［したがフ］従う。②［みちびク］導く。

ひん　**頻**　①［せまル］危急に際している。②［ならブ］並ぶ。群神頻行（ぐんしんならびゆく）。

ふ　**不**　①［おほイナリ］大きい。②［いなヤ］（漢音「フウ」呉音「フ」）（疑問の助詞）…か。視吾舌尚在不（わがしたをみよ、なおありやいなや）。

ふ　**扶**　①［つク］（杖を）つく。②［よル］沿って行く。③［おくル］送る。扶柩（ひつぎをおくる）。

ふ　**浮**　［すグ］度を越す。

ふ　**腐**　［うツ］叩く。

ふ　**負**　①［そむク］背く。②［たのム］頼る。③負債。

ふ　**賦**　［しク］述べる、布く。

ふ　**赴**　［つグ］（死去を）告げる。不赴于諸侯（しょこうにつげず）。

ぶ　**武**　［つグ］継ぐ。

ぶ　**部**　①［わク］分配する。②［すブ］統べる。

ふう　**風**　［さかル］（獣が）さかる。風馬牛不相及也（ふうするばぎゅうもあいおよばず（＝さかりのついた馬や牛でも相及ばないほど離れている、関係が無い））。

ふく　**副**　［さク］割く。

ふく　**復**　①［ふム］実践する。信近於義言可復也（しんぎにちかきときは、げんふむべし）。②［まうス］報告する。③［くつがヘス］滅ぼす。

ふく　**腹**　［いだク］抱く。

ふく　**覆**　①［しらブ］調べる。②［まうス］申す。

ふつ　**払**　①［さかラフ］逆らう。②［たすク］（音「ヒツ」）補佐する。

ふつ　**仏**　［もとル、さかラフ］荒乎淫仏乎正（いんにすさみせいにもとる）。

ぶつ　**物**　［みル］見る。

ふん　**紛**　［みだル］乱雑である。

ふん　**奮**　［ふるフ］羽ばたかせる。羽翼奮也（うよくふるふ）。

ぶん　**文**　①［かざル］粉飾する。小人之過也必文（しょうじんのあやまつや、かならずかざる）。②［あや］飾り。至敬無文（しけいにはあやなし）。

へい　**併**　［しりぞク］取り除く。

へい　**弊**　①［やぶル］損なわれる。②［つかル］疲れきる。③［おほフ］ごまかす。③［さだム］裁断する。④［たふス］倒す。

べん　**便**　①［ならフ］熟練する。②［たとヒ］たとえ…。③［よろシ］都合が良い。④［やすラカ］⑤［すなハチ］

べん　**勉**　［はげマス］

べん　**弁**　（①③のとき旧字体は「辨」）①［わク］区別する。楽統同礼弁異（がくはどうをすべ、れいはいをわかつ）。②［たのシム］（音「ハン」）楽しむ。③［あまねク］④冠。

ほ　**保**　［たのム］恃む。保君父之命（くんぷのめいをたのむ）。

ほ　**舗**　［あまねク］

ほ　**歩**　［やル］めぐらせる。

ほう　**法**　［のっとル］道法自然（みちはしぜんにのっとる）。莫若法天（てんにのっとるにしくはなし）。

ほう　**包**　［かヌ］兼ねる。包含万象（かねてばんしょうをふくむ）。

ほう　**報**　［とシ］素早い。

ほう　**抱**　［すツ］棄てる。

ほう　**放**　①［いたル］至る。②［おク］置く。③［よル］頼る。④［あタリ］…のとき。⑤［ほしいままニ］

ほう　**訪**　［よル］頼る。

ぼう　**乏**　［すツ］蔑ろにする。

ぼう　**忘**　［なシ］無い。所期物忘其中（きするところのものそのなかになし）。

ぼう　**暴**　①［うツ］（素手で）打つ。②［そこナフ］損なう。③［にはカニ］

ぼう　**望**　①［うらム］怨む。②［くらブ］比べる。

ぼう　**某**　［われ］私。

ぼう　**棒**　［うツ］（棒で）打つ。

ぼう　**冒**　①［ねたム］妬む。②［むさぼル］（賄賂を）取る。

ぼう　**紡**　［しばル］縛る。

ぼう　**貿**　①［あきなフ、かフ］交易する。②［ひとシ］等しい。③［かハル］入れ替わる。

ぼう　**防**　①［たぐフ］匹敵する。②［つつみ］堤。

ほく　**北**　（音「ハイ」）［そむク］背く。

ぼく　**墨**　［もだス］黙っている。

ぼく　**牧**　［やしなフ］統治する、養う。

ぼつ　**没**　①［つクス、つク］尽きる、尽くす。没階（かいをつくす＝階段を降りきる）。②［なシ］無い。

ほん　**翻**　①［こユ］越える。②［とブ］飛ぶ。衆鳥翩翻（しゅうちょうひるがえりとぶ）。②［かヘッテ］逆に。

ま　**磨**　［ほろブ］滅びる。

まい　**毎**　①［むさぼル］執着する。②［いへどモ］…ではあるが。

まつ　**抹**　①［ぬル］塗る。②［はらフ］（弦を内側に）はじく。

まん　**慢**　①［おくル］のろくなる。②［おこたル］怠る。③［おごル］驕る。④［ぬル］塗る。⑤［ゆるシ］緩い。

まん　**満**　［なル］成就する。

まん　**漫**　①［みツ］はびこる。桃李任漫山（とうりやまにはびこるにまかす）。②［やぶル］（水で）壊れる。③［けがス］汚す。④［あまねク］⑤［みだリニ］無駄に。⑥［そぞロニ］とりとめなく。

みつ　**密**　［とヅ］閉じる。

みゃく　**脈**　［すぢ］血管（の様な物）。

みん　**眠**　［たふス］横にする。

む　**無**　①［もシ］もしも。②（「無乃」「無寧」の形で）［むしロ］いっそ。

めい　**命**　①［もちヰル、もちフ］用いる。②［なヅク］名づける。③［をしへ］教え、教誨。

めん　**免**　［うム］産む。

めん　**綿**　［つらナル、つらヌ］連なる（ねる）。

めん　**面**　①［まみユ］会う。②［みル］観察する。③［まのあたりニ］

も　**模**　①［のっとル］倣う。②［のり］手本。③［かた］型。

も　**茂**　①［つとム］努める。茂正其徳（つとめてそのとくをただしうす）。②［うつくシ］美しい。

もう　**毛**　①草穀類。食土之毛（どのもうをしょくす）。②（草木が）生える。深入不毛（ふかくふもうにいる）。

もう　**耗**　①［そこナフ］損なう。②［つひヤス］費やす。③［へラス］減らす。④［たよリ］消息。

もん　**問**　①［おくル］贈る。②［つグ］告げる。

もん　**門**　①［まもル］守る。②［せム］（門を）攻める。

や　**也**　［まタ］亦。

やく　**約**　①［くるシム］困窮する。②［とどム］制止する。③［まとフ］巻きつける。④［よル］拠る。

やく　**薬**　［いやス］（薬で）癒す。

やく　**訳**　［とク］解釈する。

ゆ　**輪**　①［しめス］示す。②［いたス］致す。直求輪赤誠（ただちにせきせいをいたさんことをもとむ）。③［おくル］送る。④［おとス］落とす。⑤［つくス］尽くす。⑥［まク］負ける。

ゆ　**論**　①［さとス］告げる。②［さとル］分かる。③［たとフ］喩える。

ゆい　**唯**　①［よリ］…で。②［いへどモ］③［こレ］④［い］（応答の辞）はい。

ゆう　**右**　①［すすム］勧める。②［たすク］手助けする。③［たふとブ］尊ぶ。

ゆう　**優**　①［やはラグ］和らげる。其徳優天地（そのとくてんちをやはらぐ）。②［たはむル］戯れる。少相狎長相優（わかくしてあいなれ、ちょうじてあひたわむる）。

ゆう　**幽**　［ふかシ］奥深い。

ゆう　**有**　①［あるヒハ］②［まタ］又。③［たリ］…である。

ゆう　**猶**　①［うごク］（揺れ）動く。②［よリ］…から（「由」に通ず）。文王猶方百里起（ぶんのうほうひゃくりよりおこる）。

ゆう　**由**　①［もちヰル、もちフ］任用する。不能由吾子（ごし（＝あなた）をもちいるあたわず）。②［なホ］まだ。

ゆう　**裕**　［みちびク］導く。

ゆう　**遊**　［とも］友。

ゆう　**郵**　①［おくル］送る。②［とがム］恨む。罪人不郵其上（ざいにんもそのうへをとがめず）。③［とが］罪過。

ゆう　**雄**　［まさル］優る。

ゆう　**融**　［ながシ］永い。

よ　**予**　①［あたフ］与える。②［ゆるス］良いと認める。

よ　**誉**　［たのシム］楽しむ。

よう　**容**　①［かたちヅクル］化粧をする。女為説己者容（おんなはおのれをよろこぶもののためにかたちづくる）。誰適為容（たれをかてき（＝主人）としてかたちづくりせん）。②［なんゾ］どうして。③［まさニ…ベシ］容有陰謀（まさにいんぼうあるべし）。

よう　**庸**　①［もちヰル、もちフ］用いる。公曰無庸（こういわく、もちいることなかれ）。②［もッテ］そこで。③［なんゾ］どうして。

よう　**揺**　①［うつル］移る。天星尽揺（てんせいことごとくうつる）。②［のぼル］上る。

よう　**曜**　①［かがやク］輝く。②［かがやカス］顕示する。③［ひかり］

よう　**洋**　［ひろシ］広大な。

よう　**用**　①［よル］経由する。②［もッテ］…で。居門下者皆用為恥（もんかにいるものみなもってはじとなす）。

よう　**要**　①［ただス］正す。②［ちかフ］誓う。③［むかフ］迎える。④［もとム］求める。⑤［かならズ］

よう　**踊**　［のぼル］上る。

よう　**陽**　①［あきラカ］②［いつはル］装う、振りをする。③［みなみ、きた］（山の）南。（川の）北。

よく　**抑**　［ここニ］（発語の助詞。実質的な意味は無い）

よく　**翌**　［たすク］補佐する（「翼」に通ず）。

よく　**翼**　①［おおフ］覆う。②［たすク］補佐する。輔之翼之（これをたすけこれをたすく）。

ら　**羅**　①［かかル］（不運に）際す。②［つらヌ］連なる。③［ふるフ］篩にかける。

らい　**来**　①［ねぎらフ］労う。②［コレ］（「目的語＋来＋動詞」で、倒置語順であることを示す助詞）淮夷来求（わいいをこれもとむ）。③［いざ］（文末の助詞、命令・勧誘・希望などを表す）帰去来兮（かえりなん、いざ）。

らい　**頼**　①［とル］勝ち取る。②［さいはヒニ］

らく　**絡**　①［つナグ］繋ぐ。②［まとフ］巻きつける。③［すぢ］（血管などの）筋。

らく　**落**　①［はじム］始める。②［つなグ］繋ぐ。

らん　**乱**　①［をさム］治める。予有乱臣十人（われにらんしん（＝治める能のある臣）じゅうにんあり）。②［わたル］渡る。③［みだリニ］むやみに。

らん　**濫**　①［みだル、みだス］度を越す。②［むさボル］貪る。③［うカブ］浮かべる。

らん　**覧**　［とル］執る、採る。衡覧筆而作（こうふでをとりてつくる）。

り　**理**　①［をさム］磨く、整える、裁く、処置する、繕う。使玉人理其璞（ぎょくじんをしてそのはくをおさめしむ）。②［すぢ］筋。③使者、仲人。

り　**里**　①［うれフ］憂える。②［をル］居る。里仁為美（じんにおるをびとなす）。

り　**離**　①［かカル］遭遇する。②［つク］付く。③［つらヌ］陳列する。④［ならブ］並ぶ。⑤［ふ］経る。

りく　**陸**　［はヌ］跳ねる。

りつ　**率**　（②③④⑤⑥⑧のとき音「シュツ・ソツ」）①［かぞフ］数える。②［すすム］勧める。③［とラフ］捕らえる。④［したがフ］従う。⑤［のブ］述べる。⑥［ひきヰル］率いる。⑦［にル］似る。⑧［おほむネ］

りゃく　**略**　［をさム］治める。

りゅう　**流**　［もとム］求める。参差荇菜左右流之（しんしたるこうさいはさゆうにこれをもとむ）。

りゅう　**留**　①［うかがフ］窺う。③［ひさシ］久しい。

りゅう　**隆**　［たっとブ］尊ぶ。

りょ　**旅**　［ならブ］並ぶ。

りょう　**了**　①［さとル］理解する。武帝曰卿殊不了事（ぶていいわく、けいことにことをさとらず）。②［つひニ］（否定文・反語文で）まったく。了復何益（ついにまたなんのえきかある）。

りょう　**涼**　①［うすシ］薄い、少ない。②［かなシム］悲しむ。③［たすク］補佐する。

りょう　**良**　①［まことニ］確かに。②［やや］よほど、非常に。病良癒（やまいややいゆ）。

りょう　**量**　①［はかル］推測する、計量する。量力而任之度才而処之（ちからをはかりてこれににんじ、さいをはかりてこれにしょす）。②［ます］計量器。

りょう　**陵**　①［みがク］磨く。②［ゆるム］（次第に）衰える。③［きびシ］厳密な。

りょう　**領**　［みね］頂上。

りょう　**料**　［かぞフ］数える。古者不料民而知其少多（いにしえはたみをかぞえずしてそのしょうたをしる）。

りょく　**力**　［はなはダシ］（病気が）甚だしい。臣犬馬病力（しんのけんばやまいはなはだし）。

りん　**倫**　［くらブ］匹敵する、並ぶ。

るい　**累**　①［わずらハス］煩わす。②［しばル］縛る。③［しきリニ］

るい　**類**　①［したがフ］従う。②［にル］似る。③［よシ］立派な。④［おほむネ］大概。

れい　**戻**　①［いたル］至る。鳶飛戻天（とびとんでてんにいたる）。②［さだマル］安定する。

れい　**令**　①［もシ］もしも。②［よシ］善い。此令兄弟（このよきけいてい）。

れい　**例**　①［おほむネ］大体、大略。②［おほむネ］（「例皆」「例総」の形で）すべて。

れい　**隷**　①［したがフ］（共として）従う。②［つク］所属する。③［けみス］閲する。

れい　**零**　［ふル］降る。霊雨既零（れいうすでにふる）。

れい　**麗**　①［つク］くっつく。草木麗于土（そうもくつちにつく）。②［つらヌ］連なる。③［ならブ］並列する。④［かカル］（音「リ」）罹る、遭遇する。⑤［かず］数。

れき　**歴**　①［ふ］経る。②［えらブ］選ぶ。③［こユ］越える。④［まじフ］組み交わす。交臂歴指（ひをかわしゆびをまじう）。⑤［ついヅ］順序だてる。⑥［ことごとク］⑦［あまねク］

れつ　列　［さく］割く。

れつ　劣　［わづカニ］やっと。劣通車軸（わずかにしゃじくをとおす）。

れつ　烈　［もヤス］燃やす。

れん　練　［えらブ］選ぶ。

れん　連　①［なやム］悩む。行蹇来連（ゆくになやみきたるになやむ）。②［しきリニ］

ろ　路　①［みちス］（東奔西走して）疲れさせる。是率天下而路也（これてんかをひきいてみちするなり＝民を疲れさせる）。②［やぶル］（「露」に同じ）壊れる。③［おほイナリ］大きい。④（天子の）車。

ろ　露　①［うるほス］（露で）濡らす。②［やぶル］壊れる。

ろう　老　［ろうス］老いて官職を辞す、隠居する。桓公立乃老（かんこうたちてすなわちろうす）。

ろう　朗　［あきラカ］明るい。

ろう　浪　①［さすらフ］②［うごカス］動かす。③［みだリニ］やたらと。

ろく　録　①［しらブ］（音「リョ」）（罪状を）調べる。録囚徒（しゅうとをしらぶ）。②［すブ］統べる。③［とル］取り収める。

わい　賄　［むさぼル］貪る。

「常用漢字漢語用法略解」作成に当たっては、白水社の中越昌一氏のお手をわずらわせました。また多くの書籍を参考にさせていただきましたが、特に以下の諸書に大いに依拠させていただきましたので、記してお礼申し上げます。

戸川芳郎監修、佐藤進・濱口富士雄編『全訳　漢字海　第二版』（三省堂）、服部宇之吉・小柳司氣太著『修訂増補　詳解漢和大字典』（冨山房）、鹽谷温編『改訂増補　新字鑑』（高等教育研究会）

筆者は大学の教員である。現代中国語の授業も担当している。本書は「大学生向けの外国語学習の教科書」のような感覚で、語学としての漢文法を、現代日本人にわかりやすく解説したものだ。

世の中に、受験生向けの漢文の参考書や、専門性の高い漢文法の概説書は多い。しかし、漢文の初心者が抱くであろう素朴な、しかし本質的な疑問に、かゆいところに手が届くような解説をする本は、今まで案外なかったのではなかろうか。

漢文の伝統的な学習法については、有名なことわざがある。

読書百徧而義自見（『三国志』魏志・王粛伝注董遇伝）

日本語では、「徧」の字を直して「読書百遍、義、自ら見る（オノズカラアラワる）」と書くことが多い。意味は「どんな難解な書物も、繰り返し熟読すれば、意味は自然とわかる。」

たしかに、暗記と習熟は語学の王道だ。経験を積み、職人芸的な勘を身につけることも大切だ。ただ、昔の中国の知識人ならともかく、現代の初心者にとって、暗記の蓄積と「閾値」を前提とする伝統的な漢文学習法は、しきいが高い。

現代日本の漢文の参考書は、昔ほどではないにせよ、やはり定型句や句法を大量に暗記することに主眼を置くため、句法の背後にある「文法」についての説明は副次的になりがちである。

本書では、訓読の技法や句法の暗記は他書にゆずり、初心者が漢文法の「見取り図」を描けるよう、文法の基礎的かつ本質的な説明を主とし、定型句の暗記を従とした。

筆者自身、昔、漢文を学び始めたころは苦労した。いや、正直に言えば、今も漢文を読むのに苦労している。本書は「自分が漢文を学び始めたころ、こんな本があったら良かったのに」という思いで書いた。それが少しでも成功しているかどうかは、読者の判断にゆだねるしかない。

末筆ながら、本書の企画から完成までお世話になった白水社の中越昌一氏に感謝申し上げる。

平成二十五年五月

加藤　徹

著者略歴
加藤　徹（かとう　とおる）
一九六三年東京生。
東京大学大学院博士後期課程単位取得満期退学。
中国文学・京劇専攻。明治大学教授。
中国語検定協会理事。
NHKラジオ・テレビ中国語講座講師。
主要著書
『漢文力』『漢文の素養』『怪の漢文力』
『倭の風』『西太后』『京劇 ―「政治の国」の俳優群像』
『中国古典からの発想 ― 漢文・京劇・中国人』他

白文攻略
漢文法ひとり学び
二〇一三年七月一〇日　第一刷発行
二〇二五年四月一〇日　第一三刷発行
著者 ©加藤　徹
装丁者　木村　凜
発行者　岩堀雅己
印刷所　株式会社理想社
発行所　株式会社白水社
東京都千代田区神田小川町三の二四
電話　営業部〇三（三二九一）七八一一
　　　編集部〇三（三二九一）七八二一
振替　〇〇一九〇‐五‐三三二二八
郵便番号　一〇一‐〇〇五二
www.hakusuisha.co.jp
乱丁・落丁本は、送料小社負担にてお取り替えいたします。
誠製本株式会社
ISBN978-4-560-08632-2
Printed in Japan